基礎から始める
スポーツクライミング

監修　公益社団法人東京都山岳連盟

日本文芸社

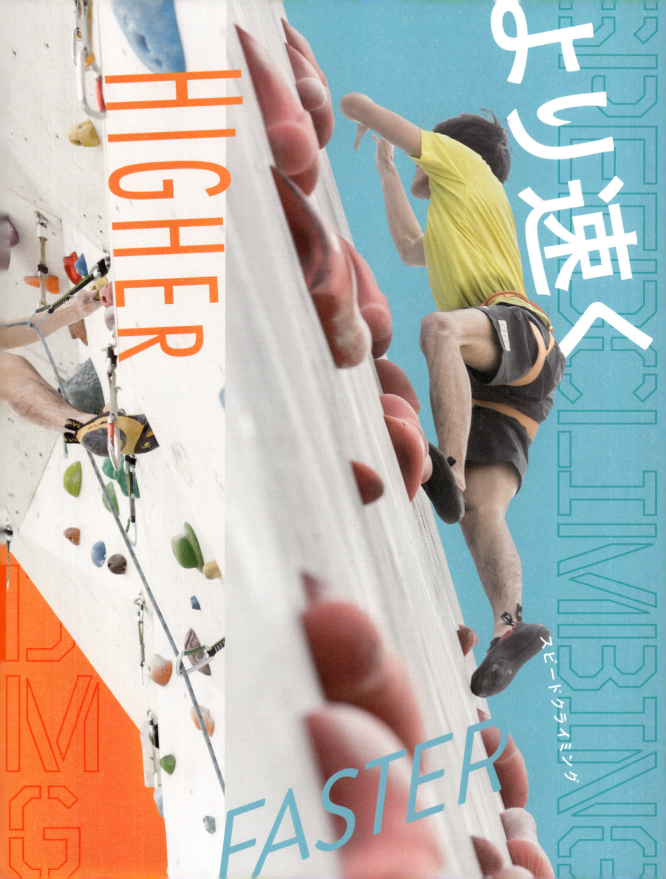

基礎から始める スポーツクライミング

06 Part 1 スポーツクライミングの基礎知識

08 スポーツクライミングとは

10 スポーツクライミングの種類

12 スポーツクライミング人口

14 スポーツクライミング競技

16 スポーツクライミング競技会

18 クライミングに必要な道具

20 ウォーミングアップ

24 クールダウン

26 クライミングウォール

28 ホールディング

オープンハンド／ラップ／ピンチ／パーミング／ポケット／
ハーフクリンプ／フルクリンプ（カチ）／サイドプル／
ガストン／アンダークリング

34 フットワーク

インサイドエッジング／アウトサイドエッジング／
フロントエッジング／スメアリング

38 クライミング動作の基本

44 オブザベーション

46 *Part* 2 ボルダリング

48 ボルダリングの基本

52 ボルダリングの安全とマナー

54 ボルダリングのムーブ

正対／振り／マッチ／送り／ハイステップ／手に足／クロスムーブ（上から）／
クロスムーブ（下から）／デッドポイント／ランジ／ヒールフック／トゥフック／
インサイドフラッギング／アウトサイドフラッギング／ドロップニー（キョン）／
レイバック／サイファー／スウィングバイ／キャンパスランジ／
アッパープッシュとサイドプッシュ／ボルダリングの課題を登る／コーディネーション

80 *Part* 3 リードクライミング

82 リードの基本

86 リードを安全に登るために

94 リードのクリップ動作

96 NGなクリップ動作

98 リードの基本ムーブ

104 *Part* 4 スピードクライミング

106 スピードの基本

110 スピードのムーブ

116 クライミング用語集

122 全国クライミングジムガイド

SPORT

スポーツクライミングを楽しむためには、まずスポーツクライミングとはどんなスポーツなのかを理解する必要があります。スポーツクライミングの基本情報や必要な道具、クライミング動作の基本などをここでおさえておきましょう。

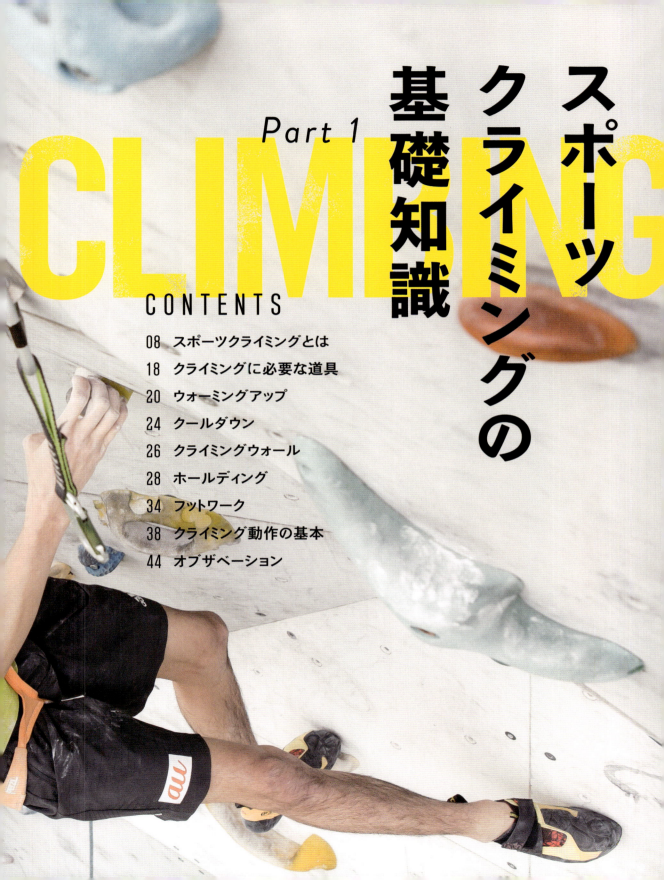

Part 1 スポーツクライミングの基礎知識

CONTENTS

- 08 スポーツクライミングとは
- 18 クライミングに必要な道具
- 20 ウォーミングアップ
- 24 クールダウン
- 26 クライミングウォール
- 28 ホールディング
- 34 フットワーク
- 38 クライミング動作の基本
- 44 オブザベーション

Part 1　SPORT CLIMBING　BASIC KNOWLEDGE

（ フリークライミングから生まれたスポーツ ）

スポーツクライミングとは

本書ではスピードクライミングについて詳しく解説していきます。まずはスポーツクライミングとはそもそもどういうものなのかについておさえていきましょう。

スポーツクライミングの定義

生涯スポーツとしてのクライミング

　スポーツクライミングとは、フリークライミング（岩や壁を登る際、登る行為の助けとなる道具を使わないスタイルのクライミング）から冒険性や危険性を極力排除し、整備された環境でおこなわれるクライミングジャンルです。

　一般に、生涯スポーツとしてのスポーツクライミングは、整備された自然の岩場、もしくは人工的に作られた壁（クライミングウォール）で行われます。スポーツクライミングでは、専用シューズやチョークバッグ（手の滑り止め用の粉を入れたバッグ）などの道具のほか、着地用マットやロープなど安全確保のためのアイテムを使用します。

オーストリアの岩場（写真右手前の人物は、2014年当時、都岳連所属ジュニア指定強化選手で2014年シーズンのボルダリング日本代表だった野中生萌選手／撮影・北村咲子）。

スポーツクライミングの種類は2つに分けられる

スポーツクライミングの種類

スポーツクライミングは、登る高さや安全確保の方法の違いによって、ボルダリングとルートクライミングの2種類に分類されます。また、ルートクライミングは、ロープによる安全確保方法の違いにより、リードとトップロープに分けられます。

明治大学和泉キャンパスの屋内人工壁。ボルダリングとルートクライミング兼用の屋内クライミングウォール。

スポーツクライミング
- ボルダリング
- ルートクライミング
  ● トップロープ
  ● リード

東京都昭島市モリパーク アウトドアヴィレッジのリード壁。トップロープもできる。

ボルダリング

リード

トップロープ（スピード）

Part 1　SPORT CLIMBING　BASIC KNOWLEDGE

― それぞれに魅力があるジャンル ―
スポーツクライミングの種類

スポーツクライミングは大きく分けて、ボルダリングとルートクライミングの2種類があります。それぞれのスタイルや特徴をおさえておきましょう。

❶ ボルダリング

最もシンプルなボルダリング

　ボルダリングとは、4〜5メートルほどの高さまでのクライミングウォールを、ロープを使わずに登るスタイルのクライミングです。クライマーの落下やゴール後の着地に備えた安全確保用具として着地マットを使用しますが、クライマー自身が使用する道具は、クライミング専用シューズ、チョーク（液体、粉）とチョークバッグのみと極めてシンプルです。

　ボルダリングでは、クライミングウォールに取り付けられた突起物（ホールド、ボリューム）を手がかり足がかりとして、時には壁そのものも使用しながら、指定されたスタートホールドからゴールのホールドまで登っていきます。ゴール後は、マット上に飛び降りるか、1〜2手クライムダウンするなどしてからマットに着地します。ボルダリングはスポーツクライミングの中でも、最もシンプルなクライミングスタイルといえるでしょう。

　また、ボルダリングでは、掴みやすいホールドと登りやすいホールド配置で作られた簡単な課題から、掴みにくいホールドと、どういう手順で登ったら良いかすぐにはわからないようなホールド配置の組み合わせで作られた難しい課題まで、様々な難易度の課題を設定することができます。そういった

近年、大学正課体育実技授業の実施種目としてスポーツクライミングが普及してきている。写真は明治大学和泉キャンパスにおける正課体育としてのクライミング授業でボルダリングを行っている様子。（撮影・水村信二）

意味でも、ボルダリングは、子供から大人まで性別に関わらず、初心者から上級者までが、同じ場所でそれぞれの課題を楽しむことのできるユニークなスポーツなのです。

❷ルートクライミング

道具はあくまで安全確保用

　4〜5mほどの高さまで登るボルダリングでは、着地マットを敷いてクライマーの安全を確保しますが、それ以上の高さを登るときには、ハーネスという道具を装着し、クライミング用ロープをハーネスに結びつけ、このロープの反対側には、クライマーの落下に備えて安全確保をする役割のビレイヤーがハーネスと確保器を用いてロープを制御し、クライマーの安全を確保します。ルートクライミングでは、このようにロープやハーネスなどのクライミング専用道具を使いますが、これらの道具は壁を登るための助けとして用いているのではなく、あくまでもクライミング中にクライマーの落下に備えた安全確保用の道具として用いるものです。なお、ルートクライミングにはリードとトップロープの2つのスタイルがあります。

トップロープ

　トップロープとは、あらかじめゴール付近の最上部（トップ）の支点にロープを通し、その末端をクライマー側にハーネスを介して結びつけ、ロープの反対側をビレイヤーが確保器を介してクライマーの落下に備えながら登ることのできるクライミングスタイルです。安全確保のためのロープが常にクライマーよりも上部の支点からおりてきているため、クライマーが落下した際には、比較的短い落下距離でロープにぶら下がることになるため、初心者でも比較的安心してルートクライミングを楽しむことのできるスタイルといえます。また、次に述べるリードのように、クリップ動作の必要がないので、登ることに専念でき、初心者向きともいえます。

リード

　リードとは、クライミングウォールに設置された固定金具（ボルトハンガー）に取り付けられたクイックドロー（ヌンチャク）にクライマー自身がロープを通して、落下に備えながら登っていくスタイルのルートクライミングです。トップロープよりも落下距離が大きくなることが多いため、リードをするためには、クライマー側もビレイヤー側もトップロープよりも高い危険回避技術とクライミング技術が求められます。

明治大学正課体育実技でトップロープクライミング（左）とリードクライミング（右）をする大学生。（撮影・水村信二）

Part 1　SPORT CLIMBING　BASIC KNOWLEDGE

今後も増え続けていく可能性大
スポーツクライミング人口

若い世代を中心に人気のスポーツクライミングですが、競技人口的にはまだメジャーとはいえません。しかし、今後は爆発的に競技人口が伸びる可能性を秘めたスポーツです。

クライミング人口はどのくらい？

他のスポーツと比べると

　ボルダリングをはじめとするスポーツクライミングの人気はここ数年で大きく伸びてきていると、誰もが感じるところでしょう。では、いったいどのくらいの人数がスポーツクライミングを楽しんでいるのでしょうか。日本のクライミング人口を正確に把握することは困難ですが、いくつかの数値から推定することができます。日本において、あるスポーツの競技人口を調査する場合、レジャー白書などの定義により「競技人口とは過去1年以内に1回以上そのスポーツをしたことのある人口」としています。この定義にもとづき植田幹也氏が、全国のジム総数が約350店だった2014年に推定した「過去1年以内に1回以上クライミングを行ったことのある人口」は約50万人でした。この数字は当時の柔道人口推定値60万人より10万人少なく、トライアスロン人口推定値30万人よりも約20万人多かったのです。

クライミング人口はトライアスロン、柔道より多い？

トライアスロンより約20万人多い

柔道人口を追い越す

東京オリンピックの正式種目となる

今後、爆発的に増える可能性も

　ここ数年のクライミングジム店舗数の増加傾向（2018年5月現在全国で500店以上）、大学などでの正課および課外活動の普及状況、さらには47都道府県が参加する国体山岳競技の普及状況から判断すると、スポーツクライミング人口は70万人に迫ろうとしていると考えられ、今後もしばらく増加していくものと考えられます。すでにクライミング人口は柔道人口を追い越しているかもしれません。

　また、2020年の東京オリンピックにスポーツクライミングが正式種目として採用されたことも大きなトピックで、日本人選手の活躍次第ではスポーツクライミングへの注目がさらに高まることになるでしょう。

　そうなると、スポーツクライミング競技人口は爆発的に増加していくはずで、スポーツクライミングが野球やサッカーなどといったメジャースポーツになる日もそう遠くないのかもしれません。

Part 1　SPORT CLIMBING　*BASIC KNOWLEDGE*

エンターテイメント性も相当高い

スポーツクライミング競技

2020年オリンピックに3種目複合競技として採用されたスポーツクライミングですが、選手たちの超人的な体力・技術は観る競技としても魅力十分です。

3種目それぞれの魅力とは

スポーツクライミング競技について

　国際スポーツクライミング連盟（International Federation of Sport Climbing, 以下、IFSC）が定める国際ルールに基づいて開催されるスポーツクライミング競技は、ボルダリング、リード及びスピードの3種目。スポーツクライミング競技は、オリンピックのモットーとなっている "Citius, Altius, Fortius"すなわち「より速く、より高く、より強く」の全ての要素を備えた競技スポーツです。スピード種目は「より速く」、リード種目は「より高く」、そしてボルダリング種目は「より強く」に対応しており、オリンピックにとても親和性の高い競技だといえます。

①ボルダリング種目

　ボルダリングは、4〜5メートル程度の高さのクライミングウォールに、スタートからゴールまで4〜12個のホールドで作成されたコース（課題）が複数（予選5課題、準決勝・決勝4課題）設定され、設定された時間（予選・準決勝5分、決勝4分）内にゴールまで到達（完登）できた課題数で競い合う種目です。

　完登できた課題数が同数の場合は、スタートからゴールの間に設定された「ゾーン」に到達できた課題数の多い順、次いで完登に要したトライ数（以下、アテンプト数）の合計が少ない順、さらには、ゾーン到達に要したアテンプト合計数の少ない順によって順位が付けられます。またボルダリング競技は、予選、準決勝（20名）、決勝（6名）の3ラウンド制で実施されます。

　ボルダリングでは、複雑なムーヴを読み解く発想力や強い保持力あるいは登る際の力強さ「より強く」）が求めらます。

②リード種目

　リードは、高さ12メートル以上のクライミングウォールに設定された30〜50手程のコースを、落下時の安全性を高めるための確保支点（クイックドロー）にロープをかけながらゴールを目指して登っていき、どこまで高く登れたか（「より高く」）を競う種目です。6分間の制限時間内にコース最上部の最終支点にロープをかけることでゴール（完登）となります。

　リード種目の競技大会は通常、予選、準決勝（26名）、決勝（8名）の3ラウンド制で実施され、予選では2つのコース（ルート）を、準決勝と決勝ではそれぞれ1つずつのコースを1回ずつトライすることができます。失敗（落下）したらその瞬間でトライは終了

オリンピックの モットー
Altius
リード
より高く

オリンピックの モットー
Fortius
ボルダリング
より強く

オリンピックの モットー
Citius
スピード
より速く

となるため、一手一手慎重に登らなければならず、ゴールへ到達（完登）するためには、疲労の蓄積を遅らせるために余計な筋力を使わない技術（効率の良いムーヴ選択やタイミングの良いレスト）や、前腕筋群の優れた筋持久力などが求められます。

③スピード種目

スピード種目は、長さ15メートルのあらかじめホールドの形状と配置が統一されたクライミングウォールで、スタートからゴールまでいかに速く到達するか（「より速く」）を競う種目です。

スピード種目の世界記録（2018年5月5日現在）は、男子ではイランのReza Alipourshenazandifar選手が2017年4月にマークした5秒48、女子ではロシアのIuliia Kaplina選手が2017年7月にマークし、その後フランスのAnouck Jaubert選手が2018年4月にマークした7.32秒です。今後のさら

なる記録更新が期待されます。

スピード種目では、壁の幅（1レーンあたり3m）、高さ（コース15m）、傾斜（95度）、ホールドの形状（ハンドホールドとフットホールドそれぞれ1種類ずつ）、ホールドの位置や角度、計時機器、オートビレイ機器など、IFSCから公認された設備・機器を用いていることが認められた上で競技が行われると、世界のどこで開催されても記録が比較可能となるため世界記録が認められます。

スピードクライミングは、スポーツクライミング競技3種目の中で最も競争性が高く、競技結果が観客に最もわかりやすい種目ですが、日本国内には、スピード壁はまだまだ数が少ない状況です。しかし、スポーツクライミング競技が、2020年オリンピックの追加種目に3種目複合として追加採用されたことから、現在全国各地でスピード壁が作られており、その数は徐々に増えていくでしょう。日本におけるスピード種目の普及が期待されます。

Part 1　SPORT CLIMBING　BASIC KNOWLEDGE

（ 日本選手のレベルはトップレベル ）

スポーツクライミング競技会

競技会は国内外で盛んに行われており、ここ数年は日本人選手の活躍は目覚ましいものがあります。特にボルダリングとリードでトップレベルの実力です。

競技大会と日本人選手のレベル

主なスポーツクライミング競技大会

スポーツクライミング競技の国際的な統括は、国際スポーツクライミング連盟（International Federation of Sport Climbing、以下IFSC）が行い、日本国内においてはIFSCの加盟団体である日本山岳・スポーツクライミング協会が行っています。主な競技会は、国際競技会としては2年毎に行われる「世界選手権」、毎年各種目7〜8大会ほど開催され、その総合得点で年間チャンピオンを競う「ワールドカップ」、14歳以上19歳以下のいわゆるユース世代の競技者が参加する「世界ユー

1 写真手前：Stanislav Kokorin（ロシア代表、2018ロシア選手権優勝、2017年世界ランキング4位）、写真奥：Vladislav Deulin（ロシア代表、2017年世界ランキング1位） **2** 2018東京選手権ボルダリング決勝課題に挑む中村真緒選手 **3** 写真手前：楢崎明智選手、写真奥：Stanislav Kokorin選手 **4** 平野夏海（東京都出身、2018年リード日本代表）（写真すべて／撮影・東京都山岳連盟スポーツクライミング局）

ス選手権」および各大陸の統括を担当するIFSC大陸別評議会（Continental Council）主催の「大陸別選手権」、「大陸別ユース選手権」が開催されています。また、4年に1度開催される「ワールドゲームズ」においてもスポーツクライミング競技が実施されています。

国内においては、国民体育大会山岳（スポーツクライミング）競技大会、ボルダリングジャパンカップ、日本選手権、日本ユース選手権、日本学生対校選手権、日本学生個人選手権、高校選抜選手権などが開催されています。そして、2020年には東京でオリンピック追加種目として3種目複合競技が開催されます。

日本選手の目覚ましい活躍

IFSCが発表している各シーズン年間の国別ランキングより、過去5年間における日本のランキングを種目別に示した表を見てもわかる通り、過去5年間において、日本のリードは1位から4位であり、世界の強豪国のひとつだといってよいでしょう。

ボルダリングについては、過去4年間において世界のトップに君臨しています。一方、過去5年間においてスピードにおける日本のワールドカップランキングが他の2種目に比べて大きく劣っている理由は、これまで、日本山岳・スポーツクライミング協会（旧名称日本山岳協会）がスピード種目の競技大会を設けていなかったことから、専門選手が育つ土壌がなかったことが挙げられます。しかしながら、2018年シーズンの日本代表選考基準においては、スピード種目の日本代表選考基準（男子6.20秒以内、女子8.50秒以内）が初めて設けられました。今後はこの基準を上回る選手が出ることにより、スピード選手がワールドカップ等の国際大会に出場できることになり、日本のスピード国別ランキングは徐々に上がってくることが予想されます。

日本の国別ランキングの変遷			
ワールドカップシーズン	リード	ボルダリング	スピード
2017	3位	1位	21位
2016	4位	1位	15位
2015	4位	1位	15位
2014	2位	1位	19位
2013	1位	2位	15位

2017年シーズンにおいては、ボルダリングのワールドカップランキングを見ると、女子はベスト10以内に3人が、男子はなんと5人が入っている。日本選手の強さがうかがえる。

Part 1　SPORT CLIMBING　BASIC KNOWLEDGE

クライミングに必要な道具

これだけあればクライミングができる

クライミングを始める際に必要な道具がいくつかあります。他のスポーツに比べると決して多くはありません。また、最初はクライミングジムのレンタルを利用することもできます。

ウエアは動きやすいものならOK

CLIMBING TOOL

クライミングで着るための決まったウェアというものはなく、何を着ても問題ありません。ただ、体を動かすスポーツなので、動きやすいものにしましょう。特に下半身は膝や股関節を大きく動かすので、ハーフパンツや伸縮性のあるパンツにすることが重要です。また、かなり汗をかくので、速乾性のある素材のものにしたり、着替えを用意するなどしておいた方がいいでしょう。

脚の動きが自由にとれるウェアがクライミング向き

クライミングでは足を思いきり高く上げたりするので、膝や股関節の動きが大きい。その動きを妨げないようなパンツを選ぶことが最も重要。それ以外はあまり気にしなくてもOKなのが、クライミングの魅力でもある。

足型に合うシューズを選ぶ

CLIMBING TOOL

クライミングの道具の中で最も重要なのがシューズ。シューズが与える影響は大きく、シューズを替えただけで登りが楽になることも多いです。靴下を脱いだ状態でぴったりのサイズを選ぶのがポイントで、シューズと足がフィットしていること。特徴としては、つま先のソールがかぎ爪のように湾曲しているものもあり、ピンポイントでホールドをキャッチできるような構造となっています。

シューズは壁の傾斜によってソールの形状も変わってくる

90度の垂壁や奥側に傾斜したスラブ壁では、フラットなソール、手前に大きく前傾している壁ではつま先が下がったソールのシューズが向いており、選手は複数のシューズを壁の傾斜や課題に合わせて使用するのが一般的だ。

滑り止めに使うチョーク

CLIMBING TOOL

クライミングに必要なのがチョーク。液状のものもありますが、チョークの粉をチョークバッグに入れて使用するのが一般的です。手の滑り止めが目的で、手にかいた汗をチョークで吸い取ることで、ホールドのグリップ力を高めてくれます。リードなどでは、チョークバッグは腰にベルトで装着できるものなどを使用し、登っている最中もチョークで滑り止めを行います。

チョークと チョークバッグ

チョークの粉が汗を吸収し 滑りを防いでくれる

クライミングの運動強度はかなり高いため、汗が自然と出てくる。手にかいた汗は、ホールドのグリップ力低下に直結するため、登る前にチョークで滑り止めを行うようにする。チョークは専用のチョークバッグに入れて使用する。

ルートクライミングで必要な道具

CLIMBING TOOL

リードなどのルートクライミングでは、地面への落下を防ぐためにロープを使用します。ロープは腰に装着するハーネスと結んで安全を確保。どちらも命を預ける道具のため、慎重に選ぶ必要があります。ロープはクライミング専用のものを使い、ハーネスは自分に合ったサイズのものを選ぶことが重要で、購入する際には、必ず試着して、決してぶかぶかなサイズにならないよう注意しましょう。

ハーネス

両足を通すレッグループとウェストベルトで構成されたハーネス。これにロープを接続して安全を確保する。サイズ選びが重要だ。

ロープ

大きな荷重に耐える専用ロープ。定期的な洗濯などメンテナンスも重要。

確保器
（ビレイデバイス）

クライマーの墜落を止めたり、降ろしたりする際に使用する制動器。安全環付きカラビナと併せて使用する。

CHECK!

まずはジムでレンタルを活用しよう

これからクライミングを始める人は、真っ先に道具を購入するのではなく、何度かクライミングジムのレンタルを活用するのがおすすめ。シューズやチョークはレンタル可能で、シューズは自分に合ったサイズ感をレンタルで確かめることで、失敗しないで済みます。

Part 1 　SPORT CLIMBING　BASIC KNOWLEDGE

クライミング競技力を高める準備運動
ウォーミングアップ

クライミング前に行いたいウォーミングアップ。ここでは、あまり知られていないスピード用のウォーミングアップを紹介します。ボルダリングにも、さらにはリードにも活用できる内容です。

スピードのウォーミングアップ
WARMING UP

スピードクライミングでは、競技前にさまざまなランニングメニューをこなすことで、瞬発的なパフォーマンスを高めることが可能になります。スピード競技以外のボルダリングやリードでも筋肉の温度を高めることで、パフォーマンスを上げることができます。さまざまなランニングメニューによって、クライミングで使用する筋肉をウォーミングアップさせていきます。

ジョギング

まずは体を慣らすために、軽めのジョギングから始める。体が少し温まってきたら、次のメニューに進む。

もも上げ

ももを高く上げるドリル。ももを高く上げることで、クライミング時でのもも上げ動作がスムーズになる。

ヒールキック

踵をお尻にキックするようなイメージでのドリル。ハムストリングス（大腿裏面の筋）の活動を促す。ここまで来るとだいぶ体が温まってくる。

ダッシュ

30〜50メートルほどの距離を何本かダッシュする。瞬発力が必要なスピード競技では、有効なウォーミングアップメニューとなる。

全身スキップ

リズミカルにスキップをする。この時、ももを高く上げ、腕を大きく振って全身を使ったダイナミックなスキップにするのがポイント。

サイドスキップ

次はサイドスキップ。大股に足を開いて大きく横方向にスキップしていく。

変形ダッシュ

うつ伏せのポジションから勢いよく立ち上がってダッシュをする。ビーチフラッグのように、進行方向とは逆向きにうつ伏せになるパターンも有効。瞬発力を高めます。

モデル：白石裕次郎（埼玉県出身・第2回世界大会選手権代表）

ダイナミックストレッチ

WARMING UP

開脚ジャンプ

ダイナミックストレッチで肩関節と股関節の連動性を高める。両手で大きく弧を描くように、両足は左右に開脚と閉脚を繰り返しながらジャンプする。

脚振り

壁に両手をつき、片脚を振り子のように大きく左右に動かす。片方の脚が終わったら、もう一方の脚も同様に行い、股関節の可動性を高める。

高速もも上げ

壁に両手をつき、左右の脚を交互にもも上げをする。それをダッシュのように、かなりのスピードで行うようにする。このドリルによって脚の素早い動きのための神経筋促通をはかる。

CHECK!
一連のウォーミングアップで
筋温上昇、柔軟性、動作リハーサルを行う

ウォーミングアップは、クライミングだけでなくさまざまなスポーツでもパフォーマンスを高めるために重要とされています。クライミングで行うウォーミングアップの意味合いは以下の3つで、筋温度の上昇、柔軟性を高める、動作のリハーサルです。神経・筋の働きを活性化し、柔軟性を高めることで可動域が広がり、本番の動きがよりスムーズになります。

❶ **筋温度を上昇させる**

メニュー
ジョギング（縄跳び）

メニュー
筋肉の温度を上昇させ、心拍数を高めることで心肺機能を高める

❷ **可動域を高める**

メニュー
ダイナミックストレッチ

メニュー
肩、股関節、体幹部分の可動域を高め、ケガの予防にも

❸ **動作リハーサル**

メニュー
ドリル、シャドウスピード

メニュー
クライミング動作に近い速い動きでリハーサルを行う

Part 1　SPORT CLIMBING　BASIC KNOWLEDGE

— クライミングで使用した部位をほぐす —
クールダウン

運動強度の高いクライミングでは、筋肉疲労の回復のためにクールダウンも大切です。じっくりクールダウンメニューを行うことで、こわばった筋肉をほぐしていきましょう。

スタティックストレッチ

INSIDE FLOATING

ウォーミングアップで行ったダイナミックストレッチ（動的ストレッチ）ではなく、クールダウンではスタティックストレッチ（静的ストレッチ）を行います。クライミングで使った筋肉を徐々にほぐしていくことで、筋肉疲労の回復や体のケアにつながります。また、スタティックストレッチを中心にしたクールダウンのメニューは、筋肉をストレッチするだけでなく、緊張からリラックスへと体を移行させていきます。

ジョギング

クライミング競技が終わったら、より軽めのジョギングからクールダウンメニューを始める。

股関節ストレッチ

脚を前後に開いて、腰をゆっくり落としていく。股関節まわりが伸びていることを意識する。

ヨガ的ストレッチ

脚は前後に開いたまま、手を上げながら上半身を横にゆっくり倒していく。股関節、肩、脇腹が伸びていることを意識する。

太もものストレッチ

脚は前後に開いたまま、後ろの足を手で持ち、ゆっくり体側に引き寄せる。太ももの前面、股関節が伸びていることを意識する。

肩関節ストレッチ

脚を左右に大きく広げ、腰を落とし肩を交互に内側に入れる。肩まわりがほぐれていくことを意識する。

股関節ストレッチ

脚は左右に開いたまま、腰をさらに落として相撲の四股のような状態をキープ。股関節を左右にストレッチする。

股関節と太もも

前の脚は膝を曲げた状態、後ろの脚は伸ばして前後に開き、上半身をゆっくり前方に荷重をかける。

手首と前腕筋

片方の手の指先を持ち、手前側に引き寄せ、手首をぐっと反らせる。手首と前腕筋がストレッチされる。

CHECK!

スタティックストレッチで肩・股関節・体幹・腕をほぐす

クライミングでよく使う筋肉や体の部位をスタティックストレッチでゆっくりほぐしていく。肩まわりや股関節、脇腹や前腕などを中心にほぐすことで、筋肉疲労の軽減やケアにつながる。また、腕を氷で冷やすなどのアイシングも効果がある。

モデル：北脇順子（静岡県出身・第2回世界大学選手権代表）

Part 1　SPORT CLIMBING　BASIC KNOWLEDGE

― クライマーに立ちはだかる壁の種類をおさえよう ―
クライミングウォール

クライミングの壁は傾斜の違いなどでさまざまなものがあります。傾斜の角度によって、体の姿勢やムーブもそれに応じた対応をする必要があります。

スラブ壁
CLIMBING WALL

「スラブ」というのは90度以下で奥側に寝ている壁の総称です。バランスをうまく取ればフリーハンド（手を離す）も可能です。クライミングの上達には、脚腰の使い方はとても重要。初心者はまずスラブ壁の難度の低い課題から挑戦するといいでしょう。また、足を置きやすいホールドを利用してフリーハンドで登ることで、フットワークと、それに伴う理想的な体重移動を体で覚える練習にもなります。

90度以下で奥側に寝ている　90度以下
奥側に傾斜しているため、壁の構造自体の難易度は低いが、ホールドは逆に難しいものが設置されていることが多く、苦手にする人も多い。フットワークをしっかり行うことが攻略の重要なポイントとなる。

垂壁（すいへき）
CLIMBING WALL

文字通り、垂直（90度）に立つ壁のことを「垂壁」といいます。壁の構造的には比較的足に体重を乗せやすいため、初心者向きです。どのクライミングジムでも垂壁がないところはないくらいメジャーな壁で、最初はこの壁を相手に登ることが多くなるでしょう。また、スラブ壁と同様、ボディバランスとフットワークを求められるので、クライミングの基本が重要になってきます。

90度に立っている垂直の壁　90°
こちらもスラブ壁のように、構造上の難易度は低めとはいえ、ホールドは難しいものに設定されていることも多い。

前傾壁

CLIMBING WALL

　90度以上に手前側に倒れこんでいる壁を「前傾壁」といいます。中には130度以上の強傾斜の壁もあります。130度ともなると、筋力とテクニックの両方が求められる中上級者向けの壁と思う人が多いかもしれませんが、持ちやすいホールドで作られた課題であれば、初級者でも登れるものもあります。どんどん挑戦しましょう。

90度以上 手前に倒れている　100〜130°

手前側に倒れ込んでいる壁は、それ自体難易度が高く思えてしまうが、逆にホールドは持ちやすいことも多く、人気の壁にもなっている。足裁きの技術が求められ、振りなどのムーブで対応していけば攻略できるはずだ。

ルーフ

CLIMBING WALL

　天井を意味するルーフ。まさに天井のような180度近い壁のことをルーフといいます。パワーだけでなく、足が離れてしまうと体重がすべて腕にのしかかってしまうので、足をしっかりホールドや壁につけるテクニックも要求されます。ヒールフックやトゥフックなど、フック系の足裁きをうまく使っていくことが重要です。もちろん、保持力や体幹の力も必要なので、登りながら鍛えていきましょう。

180度近く 逆さになるような壁　180°近い

宙吊りの状態になる壁だが、その分ホールドは持ちやすいものが多い。しかし、腕にかかる体重は他の壁の比ではなく、攻略にはパワーと技術の両方が求められる。と同時にクライミングの醍醐味が味わえる壁でもある。

経験を積めばどんな壁も怖くない

CHECK!

　壁は傾斜角度によって、腕にかかる荷重やバランスの取り方などに違いがあり、さまざまな対応をする必要があります。初めての時はとても無理だと思えた強傾斜の壁も、経験値を積むことで攻略することができ、大きな達成感を味わえるはずです。

Part 1　SPORT CLIMBING　BASIC KNOWLEDGE

ホールドとさまざまな持ち方を知ろう
ホールディング

ホールドの形状はさまざまで、それぞれに合わせた的確な持ち方をすることで余計な力を使うことなく登ることができます。握力まかせではないホールディングを覚えましょう。

オープンハンド
HOLDING

オープンハンドは指の第一関節を引っかけるようにして持つ。

POINT　指先で押さえ込むようにして、摩擦力で保持するホールディング

4本指をホールドに引っかけ、ぶら下がるようなイメージで保持する。

上達してくると負担が少ないホールディング。

POINT　手の下に体の重心があるとホールドしやすい

第一関節をホールドに引っかけ、第二関節からは伸ばして、摩擦を利用する。

ラップ

HOLDING

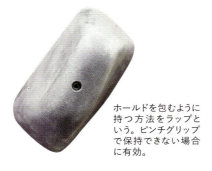

ホールドを包むように持つ方法をラップという。ピンチグリップで保持できない場合に有効。

手首を曲げて手をホールドに覆いかぶせるようにして持つ。安定した保持力を出せる。

POINT 手首をロックするように持つことで保持力が安定する

ピンチ

HOLDING

縦に細長い形状のホールドを、英語でつまむという意味のピンチという。

親指と4本の指で挟むように持つ。ホールドの上方からつまみ、引き下げるように固定する。

POINT 親指と人差し指の間の水かき部分の摩擦を効かせるようにする

パーミング

HOLDING

大きく丸みのある半球体のようなホールドをスローパーホールドという。

手の平でホールドを押さえつけるように持つ。手の平全体の摩擦を利用して保持する。

POINT 重心の位置がホールドの真下に来るようにする

29

ポケット

HOLDING

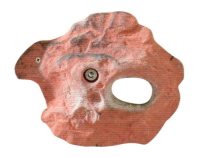

写真は指が3本だけ入る大きさの穴が空いたポケットホールド。

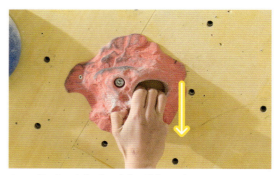

ホールドの穴に人差し指、中指、薬指の3本を入れて保持する。

ケガの怖れもあるため、初心者は無理してポケットホールドを保持しないようにしよう。

基本的に力を込めやすい中指と薬指を使う。サイズによって人差し指と中指を使うことも。

ハーフクリンプ

HOLDING

厚さが1cmを超えるホールドの場合は、ハーフクリンプは有効。

第二関節は立てずに、4本指が壁と直角になるくらいの角度でホールドを持つ。

POINT 親指は人差し指に沿わせるようにして保持力を補完させる

フルクリンプ（カチ）

HOLDING

小さいエッジのホールドをカチという。持ちにくい形状だが、指を固めるようにして持つ。

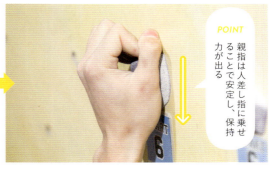

POINT 親指は人差し指に乗せることで安定し、保持力が出る

第二関節を立て、第一関節は反らせるようにしてしっかり保持する。

ハーフクリンプでもフルクリンプでも使用されるホールド。

POINT オーソドックスな持ち方だが、負担も大きく使い過ぎには注意

指同士はぎゅっとくっつける。離れてしまうと力が分散して保持力が出なくなってしまう。

サイドプル

HOLDING

縦型の形状で、横方向に手がかかるホールドを持つ場合に使用する持ち方。

縦型のホールドを体側に引っ張るようにして保持する。手と肩、肘が一直線になるように。

31

ガストン

HOLDING

サイドプルが引きつける力であるのに対し、ガストンはその逆の方向に力を入れる。

POINT 肘は曲げた状態でホールドを体の外側に押し出すように力を入れる

親指を下に向けて、体の外側に押し出すような力を入れながら持つ。

POINT ガストンは体重の乗せ込みと体全体のバランスがカギとなる

ガストンの姿勢で、右上にあるホールドを取りにいく。左手でホールドを押し出すように。

POINT ホールドを取りにいく方の胸を壁に近づけることで保持力が高まる

ガストンの姿勢でホールドを取りにいく時は、取りにいく方の胸を壁に近づけるようにする。

アンダークリング

HOLDING

下向きのホールドを持つ時に使用するホールディング。

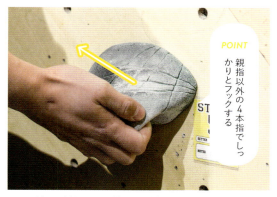

POINT 親指以外の4本指でしっかりとフックする

ホールドの下側をしっかり持ち、手前に引きつけるイメージで保持する。

POINT 次のホールドを取りにいく時には壁に体を近づけて保持力を高める

両手でアンダークリングの状態。上にある次のホールドを取りにいく。

POINT ホールドを持つ右手は上半身全体で持ち上げるようなイメージで

右手はアンダークリングでしっかり保持しながら、左手で次のホールドを取る。

Part 1　SPORT CLIMBING　BASIC KNOWLEDGE

（ 的確な足裁きで手や腕の負担を減らす ）

フットワーク

クライミングはいかに手や腕の負担を減らすかが重要なポイントです。そのために、うまく体重を足にかけられるような的確なフットポジションを覚えていきましょう。

ホールドに置くシューズの部分

FOOTWORK

　ハンドホールドは直接手で保持していくため、鋭敏な動きや反応ができますが、それに比べるとフットホールドへの対応は、足で行うためどうしても感覚が鈍くなります。クライミングでは足先をうまくホールドに乗せることで、その後の動きがスムーズになるため、足をホールドに置く方法を意識する必要があります。ここではホールドに乗せる主なシューズの部位をおさえておきましょう。

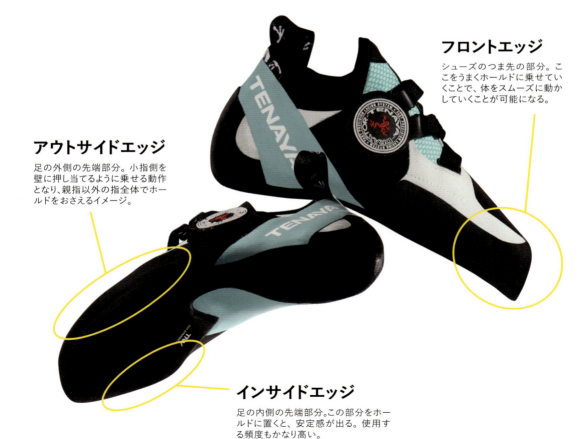

フロントエッジ
シューズのつま先の部分。ここをうまくホールドに乗せていくことで、体をスムーズに動かしていくことが可能になる。

アウトサイドエッジ
足の外側の先端部分。小指側を壁に押し当てるように乗せる動作となり、親指以外の指全体でホールドをおさえるイメージ。

インサイドエッジ
足の内側の先端部分。この部分をホールドに置くと、安定感が出る。使用する頻度もかなり高い。

インサイドエッジング

FOOTWORK

クライミングのホールドには足をべたっと乗せられるようなものは少ない。

足を横向きにして、親指の付け根を中心にホールドにかかるように置く。

POINT 基本的に親指の付け根をホールドの有効な部分に置くようにする

フットワークのなかでもインサイドエッジは、最も安定して体重をかけることができる。

ホールドには足をべたっと乗せず、むしろエッジをうまく使うことで動きもスムーズになる。

POINT 手と同じように、足でもホールドの有効なポイントを丁寧に探っていく

クライミングは、インサイドエッジをうまく使うことが重要となる。両足ともにインサイドエッジでホールドに乗ると、がに股の状態になるが、とても安定するため、インサイドエッジは最初に覚えておきたい基本のフットワークだ。

POINT インサイドエッジでホールドに乗れれば、踵がうまく上がるようになる

アウトサイドエッジング

FOOTWORK

体が壁に向かって横向きになる時に使用するアウトサイドエッジ。

右足がアウトサイドエッジでホールドに乗った状態。小指の付け根で乗るようにする。

POINT 足の外側で一番体重をのせやすいのが、小指の付け根部分だ

インサイドエッジ同様、足全体を乗せるのではなく、先端部分を乗せるようにする。

踵は乗せないように、アウトサイドエッジだけを使うことでその後の動きがスムーズになる。

POINT 小指をぎゅっと縮めるようなイメージで力を入れると保持力アップ

壁に向かって体が横向きとなる場合にアウトサイドエッジが有効。小指側でものを掴むように力を入れると安定した保持力を得られる。アウトサイドエッジをうまく使えるようになると、クライミングの動きの幅も広がる。

POINT うまくアウトサイドエッジを使うと、体のひねりもスムーズになる

フロントエッジング

FOOTWORK

足を乗せる幅が小さいホールドに有効なのがフロントエッジだ。

つま先を少し立ててホールドに乗せる。この時、シューズの先端を意識するようにする。

POINT 足の指を曲げて力をホールドに集中させるイメージで行う

NG クライミングのフットワークでは動きを制限してしまうため、土踏まずは使わない。

スメアリング

FOOTWORK

全体としてのっぺりとしたホールドに足を乗せる場合にはシューズの摩擦力を利用する。

足の指全体をホールドに押しつけるようにしてしっかりと乗せる。

POINT ホールドとシューズのソールの接地面積を広くして摩擦力を高める

NG スメアリングを使用する場合は、つま先部分だけだと摩擦力が下がってしまうのでNG。

Part 1　SPORT CLIMBING　BASIC KNOWLEDGE

体力を無駄遣いしないスマートな登り方
クライミング動作の基本

ホールディング、フットワークの次は体全体の動きです。クライミングではムーブと呼ばれる動作のテクニックがありますが、ここではベースとなる基本動作を確認していきましょう。

三点支持で登る

BASIC ACTION

クライミングの基本となるのが三点支持です。まず体を支える支点を両手両足の4つと考えます。次のホールドを取りにいくために、両足と片手の3点、あるいは両手と片足の3点がしっかりと支えになっていれば、もう1つの手か足を自由に動かしてホールドを取りにいけるというもの。ここで重要なのが、3つの支点が三角形となり、頂点が他2点の間に来る関係性がより安定性が高いということです。

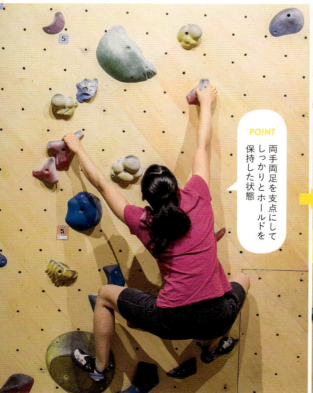

POINT
両手両足を支点にしてしっかりとホールドを保持した状態

両手両足の4点で体を支えている状態。左手で上方にあるホールドを取りにいく。

POINT
体の重心を意識して、バランスを崩さないように動きを繰り出す

A　三角形の頂点が他2点の間に位置し安定している

右手と両足の3点でしっかり体を支えることで、左手でホールドを取りにいける。

お詫びと訂正

 このたびは『基礎から始める スポーツクライミング』をお買い上げいただきまして誠にありがとうございます。本文中のQRコードが読み込めない不具合がございましたので、お詫びして訂正いたします。

●本書の39ページ「足場がない場合は壁を利用する」の右にある黄色いQRコードが読み込めないため、下記のQRコードを使用してください。

株式会社 日本文芸社

> **CHECK!**
>
> ### 手や腕ではなく脚で登ることを意識しよう
>
> クライミングを始めたばかりの人にありがちなのが、手や腕の力で登っていこうとすること。それは間違いで、より強い力を持つ脚をうまく使うことで効率的に登ることができるようになります。フットワークで足場をしっかり固め、体重移動を脚に任せられれば上達していきます。

足場がない場合は壁を利用する

BASIC ACTION

CHECK THE MOVIE!

三点支持が基本ですが、どうしても足場がない状況ということも出てきます。その場合には壁を最大限に利用することで、体を安定させることができます。ホールドに乗せられない方の足はぶらぶらさせずに壁にくっつけることで、体の重心を安定させるとともに、三点支持に近い状態にすることができます。壁は第2のホールドだと思って、最大限に活用していきましょう。

POINT 左足を壁にくっつけることで重心がブレずに安定させられている

A 左足を乗せるホールドがないため壁を利用する

右足はホールドに乗っているが、左足は乗せるホールドがないため、壁につけている。

POINT 右足にしっかり体重が乗り、安定した状態をキープできている

重心が安定しているので、右足にしっかり体重が乗り、右手でホールドを取りにいける。

体を動かすのは脚→腰→手の順

BASIC ACTION

三点支持のフォームを基本にして体を動かしていきますが、ここで重要なのが体を動かす順番です。初心者の人はどうしても腕で登ろうとする意識が働き、先に腕から動かしてしまいがち。正しい体の動かし方は、脚→腰→腕の順です。要するに下から順に動かすイメージとなります。この動きをスムーズに行えるようになれば、初心者向きの課題ならたいてい登れるようになるはずです。

POINT 動作は脚からスタート。まずは脚に力を入れて動き出す

1 動作の起点は脚なので、まずは膝を伸ばすイメージで脚に力を入れる。

POINT 脚の力で重心となる腰を高く持ち上げる

2 脚に力を入れながら、腰(体の重心)を持ち上げた後、腰を壁に近づける。

POINT 最後はすっと手を伸ばすだけのイメージ

3 腰の位置が決まったら、最後に腕を伸ばしてホールドを取りにいく。

足元を見ながら登っていくことを意識しよう

CHECK!

登るという行為は、無意識に上方に注意がいきがちです。多くの初心者は、次に手を伸ばすホールドには自然と目がいきますが、足元のホールドへの意識が向かないことが多いようです。手を動かした後に足場を目視して登ることで、安定したクライミングが可能になるので覚えておきましょう。

無駄な力を使わない

BASIC ACTION

　クライミングはどれだけ限りある筋力を効率良く使って登っていけるかが重要なポイントです。前腕の筋力や握力を使い切ってしまうと、もはや登ることはできずにフォールしてしまうことでしょう。できるだけリラックスした状態をキープして、必要な時に筋力を使い、それ以外は省エネでいくことを心がけましょう。無駄に力んでしまっていると、どうしても動作も縮こまってしまいがちです。

OK POINT: 足に体重がしっかり乗っており、余計な腕の力を使っていない状態

NG POINT: 腕に余計な力が入っている状態

POINT: 脚腰の力を使って重心を引き上げ、ホールドを左手で取りにいっている

POINT: 右腕に余計な力が入り、両膝が曲がった状態から左手を出してもホールドに届かない

無駄な力は入っておらず、左手でホールドを伸びやかに取りにいけている。

腕や脚に無駄な力が入ることで、こわばった状態になってしまい、動きも小さくなる。

凹角の壁はレストのチャンス

BASIC ACTION

クライミングの壁では凹角になっている場所もあります。その場合はレストをするチャンスでもあります。レストとは文字通り休むという意味で、主に前腕の筋を休ませ、回復させるために行うテクニックのひとつです。このレストをうまく取り入れることで、より高く、より遠くへ登ることができるというわけです。凹角をうまく利用して体を支えるステミングというテクニックを覚えましょう。

POINT 両足でしっかり体を支えることができており、両手は完全なレスト状態

壁の両面に脚を突っ張る形にして体を支えるステミング。

POINT 右手はフリーになり、レストで筋力を回復させることができる

壁の両面に片手と両足で突っ張る状態のステミング。片手がレストできる。

スラブ壁を利用したフットワーク練習

BASIC ACTION

クライミングで重要なのがフットワークであることはすでに述べましたが、体の重心移動を伴うフットワークの練習に最適なのが、向こう側に傾斜しているスラブ壁。スラブ壁のホールドを使って、手を使わない練習をしてみましょう。この場合、ホールドを手で掴むことはせず、脚のみを使って行います。ただ、壁を触るのはOKとしましょう。

POINT 左足に体重が乗っている状態

1 右足をかけている大きなホールドに全体重を移動させる練習。

POINT バランスを取るために手は壁に触ってもOK

2 左足にかかっている体重を、徐々に右足に移動させていく。

POINT 右足のつま先に全体重が移動でき、ホールドにしっかり立てている

3 完全に右足に体重が乗り、安定してホールドに立てている状態。

Part 1　SPORT CLIMBING　BASIC KNOWLEDGE

あらかじめ課題を確認してシミュレーション
オブザベーション

オブザベーションとは、壁を登る前に課題を確認し、どのように体を動かせば完登できるのかを頭の中でシミュレーションすることです。これをすることで登りながら迷うことがなくなります。

頭の中でムーブを想像する
OBSERVATION

クライミングではさまざまな課題があり、トライする前にあらかじめオブザベーションをします。スタートとゴール位置の確認から始まり、ゴールまでの方向、各ホールドの位置などを確認し、自分ができるムーブを使ってどう登っていけば完登できるのかを頭の中でイメージします。課題をつくった人はどういう意図でルートを設定したのかを考え、最適な解を求めていく作業といえます。

登り始める前に、課題をじっくり確認して頭の中で完登するイメージを構築しよう。

オブザベーションの方法

OBSERVATION

ルートを見ながら頭の中で登り方をシミュレーションすることがオブザベーションですが、ここではその手順を5つのステップに分けて考えてみます。まずは、ステップ1〜3で、スタートからゴールまでの

一連のホールドを確認し、ステップ4でそれらに合わせたムーブをセレクト。最後のステップ5で、選択したムーブを組み合わせて完登するという順序で行ってみます。

STEP 1
スタートの確認

スタートホールドの位置、形状、スタートの条件（手足限定かどうかなど）を確認する。

STEP 2
ゴールの確認

ゴールの位置、形状、持ち易さなどを確認し、スタートからゴールまでの大まかなライン（方向と順序など）を把握する。

STEP 3
ホールドの確認

スタートとゴールの間のホールドの形状をひとつずつ確認する。

STEP 4
ムーブの選択

スタートからゴールまで1手ずつムーブを選択する。リードの場合はクリップ、レストのポジションも考える。

STEP 5
頭の中で完登

頭の中でスタートからゴールまですべての手順を再現する。実際に体を動かしながら行うとイメージしやすい。

CHECK!

ボルダリングとリードはオブザベーションが勝負を分ける

ルートがあらかじめ決まっているスピードと比べて、ボルダリングとリードではオブザベーションが完登へのより重要な要素となります。

Part 2

ボルダリング

CONTENTS

48　ボルダリングの基本

52　ボルダリングの安全とマナー

54　ボルダリングのムーブ

ロープを使わずに登るボルダリング
は、スポーツクライミングの中でも最
も手軽に始められる種目です。また、
ボルダリングに必要なムーブテクニッ
クは、リードやスピード種目にも役立
つのでしっかりマスターしましょう。

Part 2　SPORTS CLIMBING　BOULDERING

― ボルダリングの課題やルールを覚えよう ―
ボルダリングの基本

ここからは、スポーツクライミングの中のボルダリングについて解説していきます。まずはボルダリングとはどのようなスポーツなのか、課題やルールについて紹介します。

ボルダリングの課題の見方
BASICS OF BOULDERING

ボルダリングの壁には、初級者から上級者までのレベルに合わせた課題が設定されています。課題はスタートとゴールが決められ、その間に保持してもいいホールドが配置され、スタートマークが付いたホールドから登り始めます。課題によって両手で1つのスタートのホールドを持つものや、片手で1つずつ持つもの、足は自由にしていいもの、足も所定のホールドに乗せるものなどさまざまです。

同じ色のホールドを使って登る

ボルダリングでは、同色のホールドで課題が設定されている場合、それ以外のホールドを触ることはできないが、壁自体は触ることはできる。ゴールは両手で安定して保持できて初めて完登となる。

CHECK!

ルート設定者の意図を読み取り完登する楽しみ

簡単なものは特別な技術を使わなくても登れる一方、難しいものは複数のムーブや技術を使わないと登れません。完登するためにルート作成者の意図を読み取ることもボルダリングの楽しみです。

スタートとゴール

BASICS OF BOULDERING

POINT
この場合は、手足限定でスタートのホールドを保持した状態のスタート

POINT
ゴールは片手ではなく、両手で保持することで初めて完登となる

スタート
決められたスタートのホールドを保持した状態から登り始める。

ゴール
ゴールのホールドを安定した状態で両手で触る、あるいは保持することで初めてゴール。

競技会でのルール

BASICS OF BOULDERING

複数の課題を制限時間内にいくつ登れるかを競う

ボルダリングは高さ5メートル以下程度の壁で、最大12手程度の複数の課題を対象にいくつ登ることができたかを競う。一般的に予選、準決勝、決勝の3ラウンドで行われ、予選では5本、準決勝と決勝では4本の課題に制限時間内であれば何度でもトライできる。ちなみに選手は他の選手のトライを見ることはできない。

野中生萌（東京都出身、TEAM au、第1,2期オリンピック強化選手、2018年IFSCワールドカップ スイス大会優勝）

Part 2　SPORT CLIMBING　*BOULDERING*

グレードの仕組み

BASICS OF BOULDERING

　ボルダリングの課題の難易度をグレードで表します。日本では「級」や「段」を用いた段級式で表します。海外ではまた違ったグレード方式が用いられ、フランスを始めヨーロッパではブロー式、アメリカではVグレードと呼ばれる方式が使われています。下の表はそれぞれのグレードがどの難易度に当たるのかを表したものです。下にいくほど難易度は高くなります。

日本	フランス	アメリカ
8級	5c	V0
7級		
6級		
5級		V1
4級		V2
3級	6a（−〜＋）	V3
2級	6b（−〜＋）	V4
1級	6c（−〜＋）	V5
	7a	V6
初級	7a+	V7
	7b	V8
2段	7b+	V9
	7c	V10
3段	7c+	V11
	8c	V12
4段		V13
	8a+	V14
5段	8b	V15
	8b+	

初級者はまず5級（V1）を目指すところから

大まかな目安として、5級（V0）までが初級者、1級までが中級者、それ以上が上級者となる。ただし、グレードはそれぞれのルート設定者によって主観的に決められたものであり、明確な基準があるわけではないため、あくまで体感的なものである。

CHECK!

練習によってグレードを更新していくことがボルダリングの醍醐味

　初心者は一番簡単な級から登り始めますが、いずれ登れない課題にぶつかります。それでも練習によって、やがてはその課題も完登できるようになるはずです。自分の上達がわかりやすいこともボルダリングの醍醐味だといえます。

ボルダリングに必要な道具

BASICS OF BOULDERING

　ボルダリングに必要な道具はクライミングシューズとチョーク(チョークバッグ)だけです。あとは動きやすいウエアがあればOKで、気軽に始められるスポーツです。最初のうちはクライミングジムのレンタルを利用すればいいので、手ぶらでも構いません。ちなみにこれは室内のボルダリングであり、岩場に挑戦するとなると、これらに加えブラシや安全確保のためのボルダーマットなどが必要になります。

クライミングシューズ

クライミングシューズは写真のベルクロで留めるベルクロタイプ以外にも、紐で結ぶレースアップタイプや、履くだけでフィットするスリッパタイプなどがある。

チョークと
チョークバッグ

滑り止めのチョークは写真のようなチョークバッグに入れて使う。チョークバッグは据え置きタイプと腰に付けて使用する携行タイプがある。ボルダリングであれば据え置きタイプでも問題ない。液状タイプもある。

Part 2　SPORT CLIMBING　BOULDERING

― ボルダリングの安全対策とマナーをおぼえよう ―
ボルダリングの安全とマナー

ボルダリングジムにはマットが敷かれていますが、それでも事故は起こります。ボルダリングを安全に楽しむために、着地方法ややってはいけないNGマナーをおさえておきましょう。

安全な着地方法
SAFETY AND MANNERS

　完登した時や、もう登れないといった時に地面に飛び降りますが、その際には、飛び降りる前に人や障害物がないか、地面の様子を必ず確認してから行うようにします。また、完登した場所が高い位置にある時は、そのまま飛び降りずに、少し下りてからにします。スラブ壁の場合は、壁から遠ざかるようにジャンプしないと、下降中に壁やホールドにぶつかる可能性があるので注意しましょう。

スラブ壁の場合

手で壁を押すようにして壁から離れつつ飛び降りる

壁からしっかり離れたところに膝のクッションを使って着地する

かぶり壁の場合

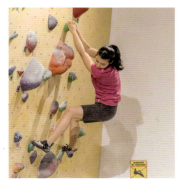 

下の地面を確認してから、飛び降りる体勢をとる

両足でしっかり着地できるような姿勢を保って飛び降りる

やってはいけないNGマナー

SAFETY AND MANNERS

　ジムのような自分だけでなく、他の人もたくさんいる状況でトラブルに遭わないためには、みんながそれぞれマナーを守ることが大切です。壁は決して独占したりせず、譲り合うことを心がけましょう。また、ケガにつながる以下のようなことは絶対に避けるようにしましょう。ケガがなく、トラブルもなければ、ボルダリングは年齢に関わらず長く楽しめるおすすめのスポーツです。

NG 登らない時は壁から離れること

登っていない時は、壁に近づかないようにする。最悪の場合、登っている人が落下した時にぶつかってしまい、大きな事故にもつながりかねない。登る人はまわりに人がいないかを確認する、登らない人は壁から離れるように気をつける。

NG ルートが交錯しないようにコースを確認

他の人とルートが交錯してトラブルになることも。また、接触して落下などとならないためにも、登り始める前には、必ず他の人がどんなルートで登っているのかを確認することが重要。ルートが完全に空いてから登り始めるようにしよう。

NG 物を下に置いて登らないこと

チョークバッグやブラシなど、下に物を置いたまま登るのもNG。予期せぬ落下でケガをしてしまうおそれがある。また、腰や背中から落下するのは危険なので、マットを過信せず、いつでも両足で着地できるように心がけよう。

53

Part 2 　SPORT CLIMBING

BOULDERING

効率的な体の動きをおさえておこう！
ボルダリングのムーブ

ムーブとはさまざまな動きのテクニックのことで、基本の三点支持だけではカバーできない課題でも、状況に応じた最適なムーブを選択することで対応できるようになります。

正対
CLIMBING TECHNIQUE

CHECK THE MOVIE!

　正対とは、壁に対して体の正面を向けて、三点支持で登る方法で、クライミングの基本となります。左右の足と手を交互に出して、はしごのように登ります。ポイントは力を足の真上に重心が来るようにして登ること。重心をしっかりと移すことで安定します。正対で登る時のフットワークはフロントエッジがメインとなりますが、インサイドエッジ気味のややがに股のスタンスで登ることもポイントです。

① 正対の状態。右手で次のホールドを取りにいくため、脚に力を入れる。

POINT　脚に力を入れて、腰を上げてからホールドを取りにいく

② 脚、腰、腕の順に動かしてホールドを確保する。重心はしっかり足に乗せている。

54

振り

CLIMBING TECHNIQUE

CHECK THE MOVIE!

　前傾の強い壁で使用頻度の高いムーブです。正対が壁に対して正面を向くのに対し、振りは壁に体を横に向けた状態。その際、ホールドに乗せた方と逆の脚は上半身と反対側に投げ出してバランスをとります。右足がホールドに乗っている時は、右側に体を振り（左向き）、右手で次のホールドを取りにいきます。左足ホールドの場合は左振り（右向き）で、左手で次のホールドを取りにいきます。

A　ホールドに乗せていない方の足は上半身と反対側に投げ出してバランスをとる

1　右足がホールドに乗っているので、右側に体を振って、右手で次のホールドを取りにいく。

POINT　このムーブのメリットは、より遠くのホールドへ手を伸ばせること

2　右足に力を入れて腰の位置を上げながら、右手を伸ばしてホールドを確保する。

マッチ

CLIMBING TECHNIQUE

CHECK THE MOVIE!

　1つのホールドを両手で持つムーブです。ホールドの持ち替えをする時に有効で、ホールドをマッチして手を入れ替えることで、遠くにある次のホールドを取りにいけます。また、大きなホールドなど、両手で持つことで体を安定させ、レストする際にも有効です。マッチをするホールドは、後から来る手を迎えるために、その分のスペースを空けておくのがポイントです。

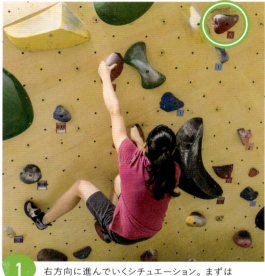

1 右方向に進んでいくシチュエーション。まずは右手で次のホールドを取りにいく。

2 右手でホールドを確保したら、次に左手も同様のホールドを取りにいく。

POINT 両手でしっかりとマッチして安定した状態

3 左手も同じホールドを確保してマッチした状態。次は右手で次のホールドを取りにいく。

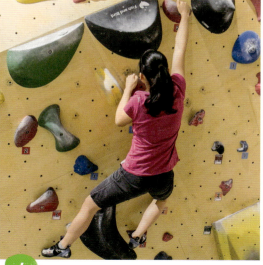

4 マッチしたホールドを左手だけで保持し、右手でさらに次のホールドを取る。

送り

CLIMBING TECHNIQUE

CHECK THE MOVIE!

「マッチ」が同じホールドを両手で確保した後、持ち替えて次のホールドを取りにいくのに対して、「送り」は、片手でホールドを確保した後、さらに同じ手で次のホールドを取りにいくムーブです。手前のホールドが保持しにくく、その次のホールドが保持しやすい場合や、ホールド間が近く、さらに先のホールドを確保した方がいい場合などに使うことがあります。手前のホールドを中継点として利用します。

POINT 中継ホールドを利用して送ることで安全にこのホールドを確保

① 右手でホールドを確保した状態。また、同じ右手で次のホールドを取りにいく。

② 右手でホールドを確保。もともと遠かったホールドも送ることで難なく到達できた。

Part 2 | SPORT CLIMBING | BOULDERING

ハイステップ

CLIMBING TECHNIQUE

　ハイステップは、文字通り高く足を上げてホールドに乗り込んでいくテクニックです。高い位置にしかフットホールドがない時などに有効で、ホールドに乗せた足に重心を乗せていき体を持ち上げるように行います。高く上げた足の踵にお尻を乗せるようなイメージでホールドに乗り込んでいくと安定して重心移動ができます。また、脚の力だけでなく、腕の力も利用して全身で乗り込みます。

① 左足を腰の位置くらいの高さのフットホールドに乗せにいく。

POINT 腰の位置ほどの高さのホールドに左足を乗せた状態

② 左足をフットホールドに乗せたら、そのホールドに重心を乗せていく。

POINT お尻を左足の踵に乗せるようなイメージで重心を移動する

③ うまく重心を左足に移動しながら、全身でホールドに乗り込む。

思い切り乗り込む

CHECK!

　足を先行させて、そこに重心を移動させるムーブは、次のホールドを意識しながら、下の足で思い切って踏み切り、上の足に思い切り乗り込むのがポイントです。

手に足

CLIMBING TECHNIQUE

　手を置いているホールドに足を持ってくるムーブです。近くにフットホールドがない場合や次のハンドホールドが遠い場合に有効です。手と足を同時に乗せる必要があるので、大きめのホールドで試してみましょう。ハイステップと同様に足を高く上げたら、壁に体を引きつけながら重心を上方向に移動させるのがポイント。高い位置にあるホールドを狙える重要なムーブです。

POINT ゆっくり左足をホールドにかけていく

POINT 近くにフットホールドがないため、左手のホールドに左足を乗せる

① 次に乗せるフットホールドが近くになく、左手のホールドに左足を乗せにいく。

② 足を乗せるスペースを空けて、左手と左足が同時に同じホールドに乗せた状態。

POINT 壁に体を引きつけながら重心を移動させる

③ 壁に体を引きつけながら、左手で高い位置にあるホールドを確保。

CHECK!

壁に体を近づける

　体を壁に引きつけるように重心移動することで、上方向への重心移動がスムーズに行えるので、そこを意識して行いましょう。

Part 2　SPORT CLIMBING　BOULDERING

クロスムーブ（上から）

CLIMBING TECHNIQUE

CHECK THE MOVIE!

　次のホールドが高い位置にあり、取りにいく手とはやや反対側にある場合に、腕を上からかぶせるようにクロスさせてホールドを取りにいくムーブです。ホールドを両手で持つマッチを使って、一手ずつ進んでもOKですが、クロスムーブを使うと手数や足数をおさえることができます。また、動きを止めることなく登っていけるスムーズさと効率性も、このムーブの特徴です。

POINT 次のホールドが左上にあるため、右手をクロスさせて取りにいく

POINT 右脚と左手に力を入れて、体を壁に引きつけながら右手を伸ばす

① 左上方にあるホールドを右手で取りにいく前に体を右に振り、左足を反対側に出し、壁に当てて姿勢を安定させる。

② 右脚に力を入れ、左手で体を引きつけながら、右手をクロスさせてホールドを確保する。

クロスムーブ（下から）

CLIMBING TECHNIQUE

CHECK THE MOVIE!

　ホールドが横方向、あるいは斜め方向に続いている場合に、腕をクロスさせてホールドを取りにいくムーブです。こちらもマッチを使うこともできますが、クロスムーブの方が手数や足数をおさえ、なおかつスムーズで効率的な移動ができるので覚えておきたいムーブです。こちらはホールドを持った腕の下をくぐるようにクロスさせて行います。うまく体をひねってクロスさせることがポイントです。

① 右方向に移動するため、右側にある次のホールドを左手で取りにいく。

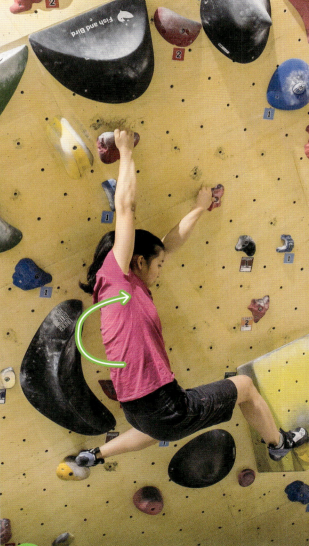

② 右腕の下をくぐるようにクロスさせて、左手でホールドを確保した状態。

デッドポイント

CLIMBING TECHNIQUE

CHECK THE MOVIE!

　遠い、あるいは掴みにくいホールドを勢いをつけて取りにいく際、一瞬の無重力的な瞬間に手を伸ばしてとらえるムーブをデッドポイントといいます。中上級者向けのムーブですが、これをマスターすると、大きく距離を稼げるので、有効なムーブです。ポイントは勢いをつけるために、反動を利用すること。いったん重心を下げてから思い切りよく踏み出します。その際、脚の力でしっかりと蹴り出しましょう。

1 かなり距離のある次のホールドをデッドポイントを使って取りにいく。

POINT 腰を下げて、力をためる。目線は次のホールドに向ける

2 狙いを定めたら、重心をいったん下げて、反動のための力をためる。

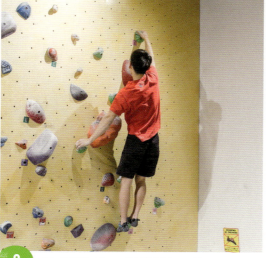

3 思い切り脚でホールドを蹴り出し、目標のホールドを重心が上方に向かっているうちにタイミングよく右手で確保する。

反動をうまく利用する

CHECK!
　中上級者向けムーブには、遠いホールドを取りにいくことが多いため、反動を利用するものが多くあるので、まずはデッドポイントで練習しましょう。

ランジ

CLIMBING TECHNIQUE

通常のムーブでは届かない高い位置にあるホールドを取りにいくため、大きく飛び上がるムーブをランジといいます。ダイナミックで見た目にも豪快なため、ボルダリングの華ともいわれます。デッドポイントと要領は同じですが、さらに距離をかせぐため、脚の力だけでなく腕の力も最大限に利用するのがポイント。片手で取りにいく方が両手よりもさらに距離は稼げますが、難易度は高くなります。

1 かなり高い位置にあるホールドをランジで取りにいくため、狙いを定める。

POINT 飛び出す時は、腕でホールドを引くだけでなく、押し下げる力も利用する

2 反動を利用するため、できる限り深く重心を下げて力をためる。

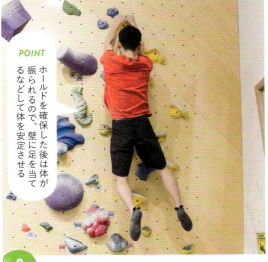

POINT ホールドを確保した後は体が振られるので、壁に足を当てるなどして体を安定させる

3 反動を利用して飛び上がり、両手でホールドを確保した状態。

CHECK!

力を入れるタイミング

下半身のバネと腕の力を最大限に使って飛び上がります。腕と脚の力を入れるタイミングがずれないように注意しましょう。

ヒールフック

CLIMBING TECHNIQUE

　ヒールフックは、シューズの踵をホールドに引っかけるようにして体重を支えることで、体を安定させたり腕の負担を軽減させられます。厳密にはフットワークの一種ですが、高い位置にあり、つま先がうまく乗せられないホールドなどにヒールフックは有効です。ヒールフックを使って、さらに高い位置のホールドを取りにいく場合には、膝の屈曲力と腕を引く力を使って体を持ち上げるようにします。

POINT ヒールフックをすることでポジションが安定する

① 高い位置にあるホールドに右足の踵をヒールフックで乗せた状態。

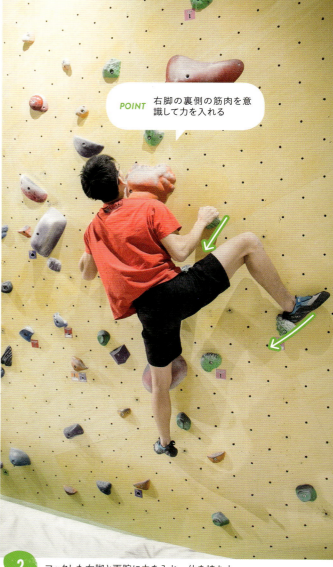

POINT 右脚の裏側の筋肉を意識して力を入れる

② フックした右脚と両腕に力を入れ、体を持ち上げた状態。

トゥフック

CLIMBING TECHNIQUE

ヒールフックが踵なのに対して、こちらはつま先をホールドに引っかけ、脚を体側に引くことで安定したポジションが得られるテクニックです。ポイントは、つま先だけでなく、脚の表側の筋肉（すねの外側の筋）や腹筋まで使って脚を引くイメージで行うこと。トゥフックによって安定したポジションが得られたことを確認し、次のホールドを取りにいきます。強傾斜壁などでも有効に使えるテクニックといえます。

POINT 次の動きに備えて、しっかりとフックさせる

1 左手で持つホールドに、左足のつま先をもぐり込ませるように引っかける。

POINT 左脚はポジションをキープ。右脚と右腕を支点にして左手を伸ばす

2 左脚でポジションを安定させたまま、左手で次のホールドを取る。

CHECK!

さまざまなフック系

膝をホールドに引っかけるニーバーや、つま先と踵、両足のつま先で挟むなど、さまざまなフックポジションがあります。

ニーバー　　ヒール＆トゥ　　フットピンチ

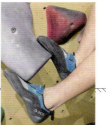

インサイドフラッギング

CLIMBING TECHNIQUE

フットホールドに乗せていない側の脚でバランスを取ることは、とても重要です。インサイドフラッギングは、ホールドに乗せていない脚を内側にクロスさせて反対側に投げ出し、重心とのバランスを取ります。フットホールドが少ない時や、ホールドが一直線上に続く時などに有効なテクニックです。右手と右足がホールドに乗った状態なら、左脚を内側にクロスして安定させます。

POINT 右足と右手がホールドに乗せた状態で、左脚でバランスをとる

① 右手と右足をホールドに乗せた状態。左手で次のホールドを取りにいく。

POINT 左脚を内側にクロスさせたままバランスを保ちつつ腕を伸ばす

② 右足を伸ばして体を持ち上げ、右足でバランスを取り、左手でホールドを確保。

アウトサイドフラッギング

CLIMBING TECHNIQUE

インサイドフラッギングが「振り」のポジションであるのに対し、アウトサイドフラッギングは「正対」のポジションで行います。こちらもフットホールドが少ない場面で有効で、ホールドに乗せていない方の脚を体と反対側に外側でクロスさせるように投げ出し、体全体のバランスを取ります。右手と右足がホールドに乗った状態なら、左脚を外側にクロスさせて安定させます。

POINT 正対のポジションで左脚を体と反対側に投げ出しバランスを取る

A 左脚を外側にクロスさせて体の反対側に投げ出す

1 右手と右足をホールドに乗せた状態。左手で次のホールドを取りにいく。

POINT 左脚を外側にクロスさせたままバランスを保ちつつ腕を伸ばす

2 右足を支点にして体を持ち上げ、左手でホールドを確保。

ドロップニー（キョン）

CLIMBING TECHNIQUE

　フットホールドに乗せた片脚を体の内側に向かって折り畳むようにして体を支えるムーブです。両足でホールドを押し広げるように力を入れて、突っ張った状態を作ります。とても安定感が高く、腕を休ませたい時などにも有効なテクニックです。動きとしては正対から振りのポジションに体をツイストさせるようにして、脚を折り畳みます。次のホールドを取る力も最低限で済むメリットもあります。

1 正対のポジション。右手で次のホールドを取りにいくために、ドロップニーを行う。

POINT 正対から振りのポジションになった

2 上体を左に回転させるとともに、右膝を内側に折り畳んでドロップニーのポジションにする。

POINT さっと右手を伸ばすだけでホールドが取れる

3 次のホールドに体が近づいたため、あとは手を伸ばすだけでホールドを確保できる。

腰を壁に近づけて安定

CHECK!

　ドロップニーをする際には、腰を壁に近づけるほど安定します。上体をうまくツイストして、無駄な力を使わずに腰を壁に近づけましょう。

レイバック

CLIMBING TECHNIQUE

レイバックは、縦に長いホールドや縦方向に並んだホールドを登っていく時に有効なムーブです。ホールドを手で引きながら、足でホールドを突っ張ることで安定します。片方の手は親指が下を向くかたちでホールドを持ち、もう片方は親指が上を向くかたちで持ちます。手をクロスさせて登ることもできますが、送り手を繰り返して登っていく方がバランスは取れます。

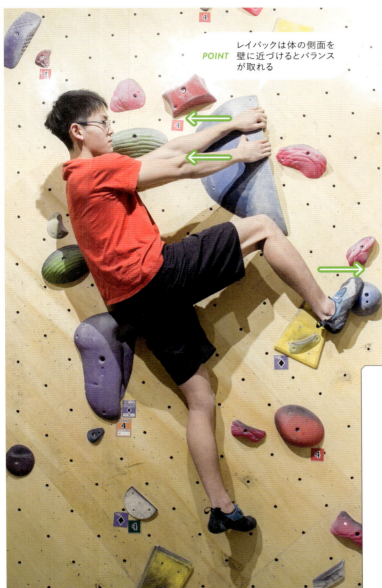

POINT レイバックは体の側面を壁に近づけるとバランスが取れる

CHECK!
突っ張り状態で体を安定させるムーブテクニック

レイバックは両手で縦に長いホールドの縁を引きながら持ち、足でホールドを突っ張っている状態。登る時は体幹を引き締め、体が壁から流されないようにすることが何より重要です。

サイファー

CLIMBING TECHNIQUE

CHECK THE MOVIE!

片方の脚を振り子のように動かし、反動をつけて横方向や斜め上方向のホールドなどを取りにいくムーブです。アウトサイドフラッギングのポジションでホールドに乗っていない方の脚を振り子のようにスイングさせます。振り子の脚が戻ってくるタイミングで勢いよくホールドへ向けて飛び出します。大きなエネルギーは振り子側の脚ですが、同時に、両手でホールドを引く力もポイントになります。

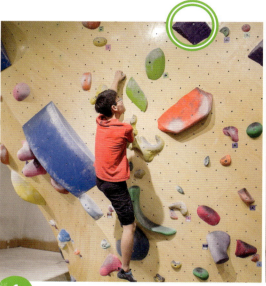

1 両手と左足がホールドに乗った状態。次のホールドまでの距離と方向を確認する。

POINT 振り子のように右脚を大きく振り始める

2 ホールドに乗っていない方の右脚を振り子のようにゆっくり左右に大きく振る。

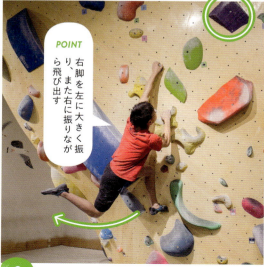

POINT 右脚を左に大きく振り、また右に振りながら飛び出す

3 今度は右脚を左に大きく振って、また右に振りながらホールドに向けて飛び出す。

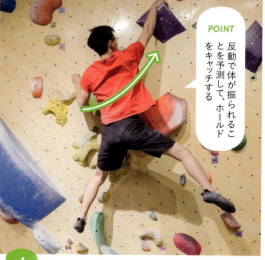

POINT 反動で体が振られることを予測して、ホールドをキャッチする

4 反動の力を利用して勢いよく飛び出しながら、右手でホールドを取る。

スウィングバイ

CLIMBING TECHNIQUE

CHECK THE MOVIE!

サイファーがアウトサイドフラッギングで脚の振り子をエネルギーにするのに対し、スウィングバイは正対のポジションで、お尻を振り子のように動かして、その反動を利用して大きく距離を出すムーブです。こちらも横方向や斜め上方向のホールドを取りにいくのに有効なテクニックです。ホールドを持つ両手の幅が狭いほど、大きくお尻を振れるので、その分勢いは大きくなります。

1 両手と両足がホールドに乗った状態。次のホールドまでの距離と方向を確認する。

POINT 振り子のようにお尻を大きく振り始める

2 どのくらいの力が必要かを確認したら、お尻を振り子のように左右に大きく振る。

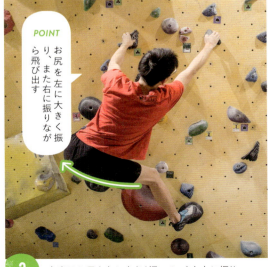

POINT お尻を左に大きく振り、また右に振りながら飛び出す

3 今度はお尻を左に大きく振って、また右に振りながらホールドに向けて飛び出す。

4 反動の力を利用して勢いよく飛び出しながら、右手でホールドを取る。

キャンパスランジ

CLIMBING TECHNIQUE

CHECK THE MOVIE!

両手はしっかりホールドを保持できているものの、フットホールドがなく、次のホールドがさらに高い位置にある場合に有効なのがキャンパスランジです。ランジは脚の力を使って上方向に飛び上がりますが、キャンパスランジは腕や肩の力で飛び上がる上級テクニックです。懸垂で勢いよく体を押し上げたら、両手でホールドをそのまま押し上げるようにして上方への勢いとします。

1 次のホールドとの距離を確認する。両腕は完全に伸ばした状態。

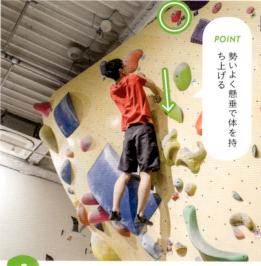

POINT 勢いよく懸垂で体を持ち上げる

2 懸垂で思い切り上体を引き上げてから右手でホールドを取りにいく。

3 体が上方へと飛び出したら、右腕を思い切り伸ばしてホールドを取る。

反動を効かせた懸垂

CHECK!

通常のスピードで行う懸垂ではここまでの勢いは得られません。勢いよく思い切り懸垂するイメージで行いましょう。

アッパープッシュとサイドプッシュ

CLIMBING TECHNIQUE

　体を突っ張り棒のように安定させる方法をいくつか紹介します。アッパープッシュは上にあるホールドの下部を手で持ち上げるように力を入れることでポジションが安定します。サイドプッシュは縦向きのホールドに対して手で押しながら、足でもホールドを押すことで突っ張った状態をつくり出せます。ステミングなどと同様にレストを行う際に有効なテクニックとなります。

1 大きなホールドの下部を両手で押し上げることで突っ張った状態になるアッパープッシュ。

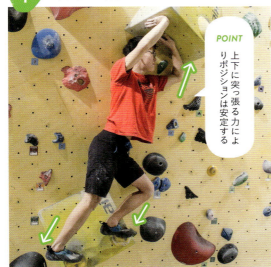

POINT 上下に突っ張る力によりポジションは安定する

2 左手で肩の位置ほどのホールドの下部を支えるような状態のアッパープッシュ。

POINT 別名、出前持ちともいわれるアッパープッシュ

POINT このような状況でもよく使用される

3 左手と右足でホールドを押す力によって安定するサイドプッシュ。

レストをうまく活用する

CHECK!
　突っ張る力で安定させるポジションは、レストによって筋力を休ませ回復させるチャンスなので、次の手を考える時など有効的に使いましょう。

Part 2 | SPORT CLIMBING | BOULDERING

ボルダリングの課題を登る

CLIMBING TECHNIQUE

CHECK THE MOVIE!

　これまでさまざまなムーブを紹介してきましたが、今度はその中のいくつかのムーブを組み合わせて、課題を登ってみましょう。ここで紹介する課題は7級程度の初心者向け課題です。難易度の高いムーブは必要ありませんが、ボルダリングの基本が試されます。三点支持や体を動かす順番、振りなどを使って効率的に登ります。もちろん登る前にはオブザベーションでしっかりと課題を頭に入れます。

7級程度の初心者向け課題。三点支持だけでも登れるが、ムーブを使って登ることで、スマートかつ効率的に完登することができる。ここでは濃いピンクのホールドのみを使用して登る。

> **CHECK!**
> ### 頭でイメージして完登するオブザベーション
> 　オブザベーションでは、スタートとゴールの位置をまず確認し、その間のホールドと、それに対応したムーブの選択をします。登る前に頭の中のイメージで完登しましょう。

74

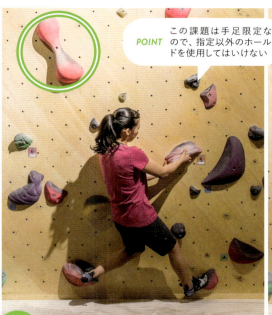

POINT この課題は手足限定なので、指定以外のホールドを使用してはいけない

1 スタートホールドを両手で保持し、指定されたホールドに足を置いてスタート。

2 右手と両足の三点支持の位置から、左手で1手目となるホールドを取る。

3 右脚を内側からクロスさせるようにして、フットホールドに足を乗せる。

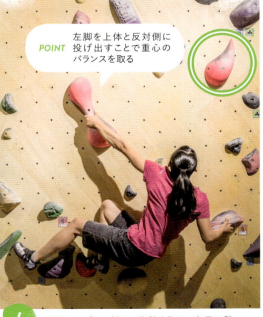

POINT 左脚を上体と反対側に投げ出すことで重心のバランスを取る

4 左脚を上げて、振りの姿勢を取る。左足は壁に当てて安定させる。

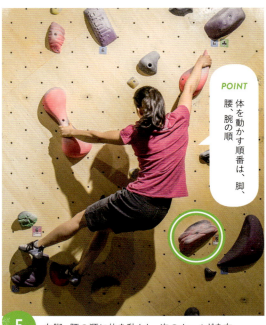

POINT 体を動かす順番は、脚、腰、腕の順

⑤ 右脚、腰の順に体を動かし、次のホールドを右手で保持する。

⑥ もともと右足を乗せていたホールドで左右の足を入れ替え、右足を次のホールドに乗せる。

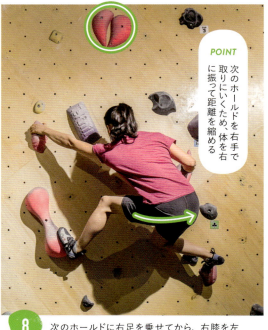

POINT 次のホールドを右手で取りにいくため、体を右に振って距離を縮める

⑦ 左手で次のホールドを取り、もともと左手で保持していたホールドに左足を高く上げ乗せる。

⑧ 次のホールドに右足を乗せてから、右膝を左に向けるようにして体全体を右に振る。

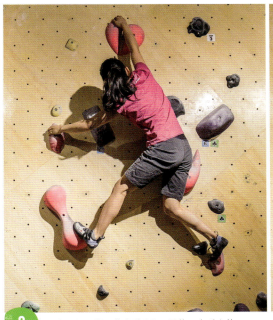

9 両脚、腰の順に体を動かし、最後に右手を伸ばしてゴールのホールドを取る。

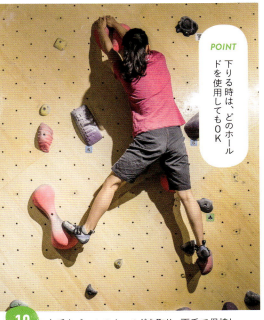

10 左手もゴールのホールドを取り、両手で保持した状態で完登。

POINT　下りる時は、どのホールドを使用してもOK

ボルダリングの基本をおさらいしておこう

　ボルダリングの基本はスタティックなムーブにあり、この基本ムーブをしっかりとおさえることで、初級者レベルを脱することができます。また、初心者にありがちなのが次のホールドを見過ぎてしまうと、肩や腰が取りたいホールドから遠ざかってしまいます。前傾斜では、右手を取る前は左を、左手を取る前は右を向き、取る方向に肩を近づけるのがコツです。

CHECK!

三点支持が基本

腕より先に脚腰を動かす

Part 2　SPORT CLIMBING　BOULDERING

コーディネーション

CLIMBING TECHNIQUE

CHECK THE MOVIE!

コーディネーションとは、いくつかのムーブを組み合わせた一連の流れで課題をクリアするための複合ムーブの総称です。例えば、ここで紹介するコーディネーション課題のポイントは、写真中央上部にある厚いピンチホールドの存在。これが保持しにくいホールドでとどまることができないため、ここを中継点としてさらに次のホールドへムーブを連続してつなげる必要があります。

スタートからゴールまで連続するムーブで移動しなければ、途中のピンチホールドでフォールしてしまうような課題。

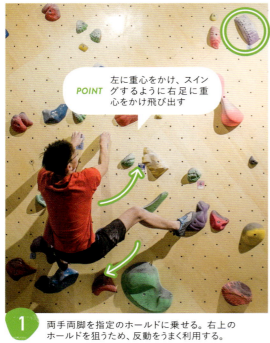

POINT　左に重心をかけ、スイングするように右足に重心をかけ飛び出す

1 両手両脚を指定のホールドに乗せる。右上のホールドを狙うため、反動をうまく利用する。

2 右手でホールドを取り、左手も同じホールドを取りにいく。手足は両方ともここでマッチ。

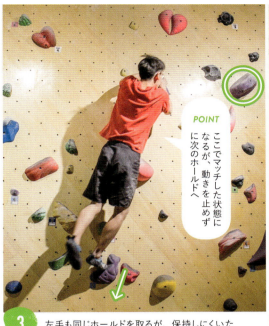

POINT ここでマッチした状態になるが、動きを止めずに次のホールドへ

3 左手も同じホールドを取るが、保持しにくいため、すぐに右手で次のホールドを取りにいく。

4 マッチするかしないかで右足のホールドを蹴り、右手で次のホールドを取りにいく。

5 右手でホールドを掴んだら、反動で右に体が振られるので、その後体を安定させる。

CHECK!

重要度が高まりつつあるコーディネーション

　ここ数年、単独のムーブだけでは、次のホールドに進めないが、複数のムーブを連続させてはじめて次のホールドに進めるような課題が増えています。コーディネーションの重要度がますます高まっていると言えます。

Part 3

リード
クライミング

CONTENTS

82 リードの基本

86 リードを安全に登るために

94 リードのクリップ動作

96 NGなクリップ動作

98 リードの基本ムーブ

リードクライミングは、自身でロープをクリップしながら安全を確保し、高いところまで登っていく種目。自分の力で相当な高さまで到達する醍醐味は、リードクライミングならではの魅力です。ぜひ挑戦してみましょう。

LEAD
CLIMB

Part 3　SPORT CLIMBING　LEAD

リードの課題やルールを覚えよう
リードの基本

ボルダリングに続いて、ここからはリードクライミングについて解説していきます。リードとはどのような競技なのか、課題やルールについて紹介します。

リードクライミングの特徴
BASICS OF LEAD

リードの壁の特徴は高さが12メートル程度と、ボルダリングに比べて4倍程で、その分長い距離を登ることになります。そのため、筋持久力が求められるとともに、どれだけ無駄な動きを省いて体力を温存するかといったテクニックや戦略性も必要な競技です。ボルダリングはマットによって安全を確保しますが、リードの場合は安全のために、ロープやハーネス、確保器などの用具を使って登るのが特徴です。

ロープをクイックドローにかけて登っていく

リードはロープをクイックドロー（ヌンチャクとも呼ばれる）にクリップしながら、ゴールへと登っていきます。二人一組で行い、ビレイヤーはクライマーが登るたびにロープを送り出しながらも、クライマーの落下に備えます。

CHECK!
高い壁を制覇する達成感はリードの醍醐味

ボルダリングに比べてルートの長いリードは、それだけ完登した際の達成感は特別なものがあります。ボルダリングに比べて設置施設は限られますが、ぜひ挑戦していきましょう。

スタートとゴール

BASICS OF LEAD

スタート

ジムの課題では、スタートホールドが決まっており、指定されたホールドから登るのはボルダリングと同じ。

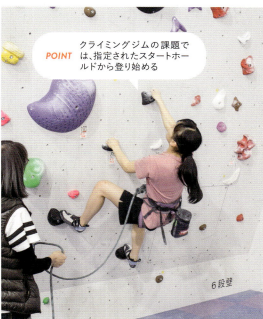

POINT クライミングジムの課題では、指定されたスタートホールドから登り始める

ゴール

ゴールのホールドにたどり着いたら、2本のクイックドローにロープをかけてゴールとなる。

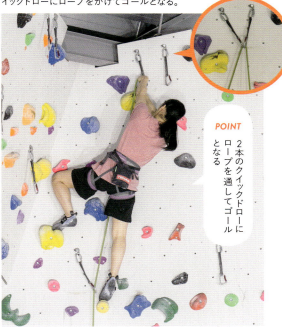

POINT 2本のクイックドローにロープを通してゴールとなる

競技会でのルール

BASICS OF LEAD

高さ12m以上の壁でどこまで登れるかを競う

リードクライミングは高さ12m以上の壁で、40手前後のルートをどこまで登れるかを競う。選手はロープの繋がったハーネスを装着し、安全を確保しながら登り、最後の支点にロープをかけると完登となる。一般的には予選、準決勝、決勝の3ラウンドで行われ、予選では2本、準決勝と決勝では1本のコースにそれぞれ1回のみトライできる。競技の制限時間は1本のルートにつき6分間。

山口龍磨(東京都出身、2018年リード日本代表)

グレードの仕組み

BASICS OF LEAD

リード課題の難易度はグレードで表します。日本ではデシマルグレード（別名、ヨセミテグレード）と呼ばれるアメリカ発祥のグレーディングシステムでの表記が一般的です。この表記では、フリークライミングを表す数字「5」から始まりますが、小数点以下の英数字が高いものほど難易度は高く、下にいくほど難易度は高くなっていきます。初めての人は5.7くらいから登ってみるといいでしょう。

デシマルグレード（アメリカ）	UIAA（国際山岳連盟）	フレンチグレード	オーストラリアグレード
5.7	Ⅴ	4	16
5.8	Ⅴ+	5a	17
		5b	
	Ⅵ−	5c	18
5.9	Ⅵ	6a	19
	Ⅵ+		
5.10a	Ⅶ−	6a+	20
5.10b		6b	
5.10c	Ⅶ	6b+	21
5.10d	Ⅶ+	6c	22
5.11a			
5.11b	Ⅷ−	6c+	23
5.11c	Ⅶ	7a	
5.11d			24
5.12a	Ⅶ+	7a+	25
5.12b	Ⅸ−	7b	
5.12c		7b+	26
5.12b	Ⅸ	7c	27
5.13a		7c+	28
5.13b	Ⅸ+	8a	29
5.13c	Ⅹ−	8a+	30
5.13d	Ⅹ	8b	31
5.14a	Ⅹ+	8b+	32
5.14b	Ⅺ−	8c	33
5.14c		8c+	34
5.1dd	Ⅺ−	9a	
5.15a		9a+	

リードに必要な道具

BASICS OF LEAD

　リードに必要な道具は、ボルダリングで必要なクライミングシューズとチョークに加え、安全確保のためのハーネスやロープ、ビレイヤー側で使用する確保器やグローブといったものが必要となります。クライマーはロープを結んだハーネスを装着し、ビレイヤーは確保器とロープを安全環付カラビナでハーネスに装着します。さらにビレイヤーはロープのグリップ力を高めるためグローブをはめます。

クライミングシューズ

フリークライミング専用のシューズ。ソールには滑りにくい特殊なゴムを使用している。

チョーク&チョークバッグ

滑り止めのチョーク。リードの場合は登りながらたびたびチョークをつけるため、携行タイプのバッグを使用する。

ハーネス

体に装着し、安全確保用のロープを結んで固定する装備。カラビナなどを引っ掛けるギアラックを備えている。

ロープ

フリークライミング用のロープ。ロープ自体にある程度伸縮性があり、墜落時に衝撃を吸収するようになっている。

確保器（ビレイデバイス）

クライマーの墜落を止めたり、降ろしたりする際に使用する制動器。安全環付きカラビナと併せて使用する。

ビレイグローブ

ロープが手から滑らないようにビレイヤーが装着するグローブ。主に革製でグリップ力が高い。

Part 3　SPORT CLIMBING　LEAD

安全装備の装着法と登る前のチェック
リードを安全に登るために

リードクライミングでは高さ12メートル以上の壁を登るため、落下すれば命にも関わります。そのため十分な安全確保を行う必要があります。安全装備の装着方法などをおさえましょう。

ハーネスを装着する

SAFETY　　　　　　　　　　　　　　　　　　　　　　　　　　　　CHECK THE MOVIE!

クライマーはまず命綱であるロープを結ぶためのハーネスを装着します。ハーネスはウエスト、大腿部、股下のサイズが自分に合うものを用意します。ハーネスは、両脚にレッグループを通し、ウエストベルトをへそのラインで締めて装着します。ただ、ウエストベルトがしっかり締まっていなかったり、レッグループが閉まりすぎて動きにくかったりすることがないよう、注意を払って装着する必要があります。

ウエストベルト

レッグループ

POINT ねじれなどがある場合は最初に直しておく

① ハーネスを装着する前に、ハーネスを正しい形に整え、ねじれがないかどうか確認する。

POINT 腹を凹ませてバックルを締める。締めた状態で拳が入るようでは緩い

② レッグループに両脚を通して、ウエストベルトを骨盤の上でしっかり締める。

86

POINT ベルトはループで留めて、垂れ下がらないようにする

3 ウエストベルトを締めたら、ベルトの端をループに通す。

4 ハーネスの装着が完了。最後にねじれや余ったバンドが処理されているかなどを確認する。

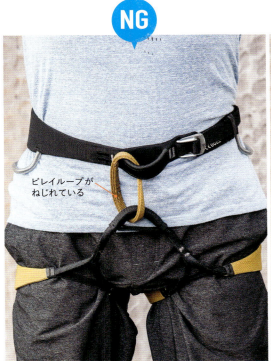

NG

ビレイループがねじれている

レッグループとウエストベルトを結ぶビレイループの部分がねじれているのでNG。

NG

ウエストベルトのラインがかなり低い

装着する高さが骨盤より上でないため、最悪の場合外れてしまう可能性があるのでNG。

ハーネスにロープを結ぶ（8の字）

SAFETY

CHECK THE MOVIE!

ハーネスにロープを結ぶ際には、「8の字」と呼ばれる結び方を使用します。この結び方の利点は、ほどけにくいこと以外に、確実に結ばれているか視認による確認が容易なことや、結ぶ方向や向きが変わっても迷いが少なく結ぶことができることにあります。最初はその構造に迷うかもしれませんが、慣れてくると簡単に結ぶことができます。ここでは「8の字」の一連の結び方を覚えていきましょう。

1 まずは、ロープの端から1メートルほどのところに写真のような8の字になる結び目をつくる（このページの下にわかりやすいようにイラスト図解を掲載。また動画でも確認できます）。

8の字の結び方手順

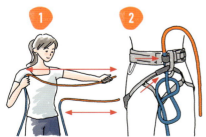

8の字結びに必要な長さは、手先から反対側の肩くらいが目安。

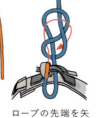

ロープをハーネス2カ所に通す。

ロープの先端を矢印のように通していく。（クライマー側から見た図）

さらに矢印のように通して2周させる。（クライマー側から見た図）

結び目が小さくなるように調節して締める。（クライマー側から見た図）

末端は最終的に止め結びで処理する。（クライマー側から見た図）

② 短い方のロープの先端をハーネスの2カ所に下から通す。

③ 最初につくった8の字の結び目にロープを沿わせるように上から通していく。

Part 3　SPORT CLIMBING

4 8の字の2つ目のループにロープを通していく。

5 最終的に8の字が2周分できることになる。

6 結び目が小さくなるように調節して締める。

7 余った先端部分は留め結びをして処理する。

ビレイヤーの装備

SAFETY

リードクライミングは、クライマーとビレイヤーの二人一組で行います。ビレイヤーはクライマーの命を預かる重要な役目を持っており、その装備も確実なものでないといけません。ロープをしっかりコントロールするためのグローブ、確保器(ビレイデバイス)など、それぞれ正しく装着されていないと、クライマーに危険が及んでしまいます。ここではビレイヤーの装備を確認しましょう。

1 ロープをしっかりとコントロールするため、手にはビレイグローブをはめる。

2 ビレイヤーもハーネスを装着し、ビレイループに安全環付カラビナでつないだ確保器を付ける。

3 確保器(ビレイデバイス)にロープを通す。

4 ロープをカラビナに通す。

ビレイヤーはクライマーの命を預かる重要な役割

CHECK!

クライマーが登るたびにロープを送り出し、クライマーの落下に備えます。ロープをクリップした最後のクイックドローよりも高い位置で落下すると、ロープのたるみや伸び具合によって、落下距離や衝撃が変わるので、ビレイヤーは常にロープの長さを調整します。

お互いの安全確認

SAFETY

　クライマーとビレイヤーは信頼関係が重要ですが、お互いの装備が正しく装着されているかどうかを最終的に確認することも忘れてはいけません。このダブルチェックは、ビレイヤー側の装備をクライマーが視認するだけでなく、結び目などは触って確認。クライマー側の装備をビレイヤーが視認と結びの加減を触ってチェックします。このチェックでOKとなったら、ようやく登り始めます。

① ビレイヤーの装備が正しく装着されているかをクライマーが確認。ロープが確保器およびカラビナを通して、きちんとビレイループにつながっているかをチェックする。

② クライマーの装備をビレイヤーが確認する。特に8の字の結び目がしっかりとしているかを目視だけでなく触って確認する。

リードのクリップ動作

クリップの動作をマスターしよう

リードクライミングでは、クライマーはロープをクイックドロー（ヌンチャク）にクリップしながら登っていきます。このクリップ動作をスムーズに行うことが重要なポイントとなります。

右手でクリップする（ゲートの向き・外側）

ROPEWORK

1 クイックドローのゲートが外側に向いている場合は、右手の人差し指と中指でロープをつまみながらクリップ動作に入る。

2 親指をカラビナにかけ、人差し指と中指でロープをつまみ、ロープでゲートを押し開けてクリップする。

POINT ロープでゲートを押してオープンさせる

右手でクリップする（ゲートの向き・内側）

ROPEWORK

1 クイックドローのゲートが内側に向いている場合は、右手の中指でカラビナ下部をおさえる。

2 中指でカラビナをおさえながら、親指と人差し指でロープをつまみ、ロープでゲートを押し開けてクリップする。

POINT 親指でロープを押し込むようにしてゲートを開けながらクリップ

> **CHECK!**
>
> **クリップ動作の指裁き**
>
> クイックドローはゲートが向いている方向、ロープを持つ左右の手の違いによって動作が異なります。その際、内から外へのクリップ動作は親指と人差し指で、外から内の場合は人差し指と中指を主に使ってロープをカラビナに通します。

左手でクリップする（ゲートの向き・外側）
ROPEWORK

1 クイックドローのゲートが外側に向いている場合は、人差し指と中指でロープをつまみ、カラビナへ手を近づける。

2 左手の人差し指と中指でロープをつまみ、親指でカラビナをおさえながら、ロープでゲートを開きクリップする。

POINT 左手の人差し指でゲートを押しながらロープをクリップする

左手でクリップする（ゲートの向き・内側）
ROPEWORK

1 クイックドローのゲートが内側に向いている場合は、左手をカラビナに近づけ、中指でカラビナを軽くおさえる。

2 クリップする際には、左手の親指と人差し指でつまんだロープでゲートを開けながらロープをクリップする。

POINT 左手の親指でロープを押し込みながらゲートを開けてクリップする

Part 3 | SPORT CLIMBING | LEAD

クイックドローと自分の位置関係を注意する
NGなクリップ動作

クイックドローにロープをクリップしていくのは安全のためですが、その方法を間違えると、登りの障害になったり、落下の時にクリップが外れてしまうこともあるのでNGをおさえましょう。

Zクリップ

ROPEWORK

クリップを行う際、無意識に1つ前のクリップと2つ前のクリップの間からロープをとってクリップしてしまう場合があります。このような場合、ロープがZのような状態で交差してしまい、ロープがスムーズに動かなくなり、それ以降の登りの障害になってしまいます。Zクリップを防ぐためには、常に自分のハーネスの結び目からロープをたぐってクリップするようにします。

ロープの結び目からたぐってクリップをすればZクリップになりにくい。

典型的なZクリップの状態。経験者でもたまにやってしまうミス。Zクリップになってしまうと、ロープの流れが悪くなり、登りにくくなってしまう。

POINT ロープはハーネスの結び目からたぐってかけるように注意する

> **CHECK!**
>
> **ロープをたぐった後に落下する「たぐり落ち」に注意**
>
> リードクライミングでは、Zクリップと逆クリップ以外に注意しなければならないこととして、「たぐり落ち」があります。これは次のクリップを行うためにロープをたぐった状態でフォールすると、たぐった分だけ長い距離を落下することになります。最悪の場合、地面まで落下してしまう可能性もあるので十分に注意が必要です。

逆クリップ

ROPEWORK

ロープが正しくクリップされている状態は、クイックドローの背後（壁側）からロープが通り、クイックドローの前面（体側）に抜けている状態です。その逆の状態（ロープがクイックドローの前面から通り、クイックドローの背後に抜けている）を逆クリップといいます。この場合、ロープの方向とゲートの向きによっては、落下時にロープがあっさりクイックドローから外れてしまう可能性があるので注意が必要です。

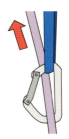

POINT 体側から壁側にロープが通った逆クリップ

逆クリップ
ロープがクイックドローの前面（体側）から通り、クイックドローの背後（壁側）に抜けている状態が逆クリップ

正しいクリップ
ロープがクイックドローの背後（壁側）から通り、クイックドローの前面（体側）に抜けている状態が正しいクリップ

POINT 壁側から体側にロープが通った正しい状態

97

Part 3　SPORT CLIMBING　LEAD

リードの基本ムーブ

― リードクライミングを効率的に登るためのテクニック ―

リードでもボルダリングで紹介したムーブが有効なので、ボルダリングのページでムーブをマスターしましょう。ここでは、リードで絶対的に重要な三点支持とレストを紹介します。

三点支持

CLIMBING TECHNIQUE

ボルダリングでも三点支持が基本だということは説明しましたが、リードでもそれは同様です。むしろ、登る距離が長い分、リードでの三点支持の重要性はよりいっそう高いともいえます。ボルダリング以上に、持久力を要求されるため、安定したポジションを取って、余計な力は極力使わないようにする必要があります。三点支持の三角形を意識しながら着実に登っていきましょう。

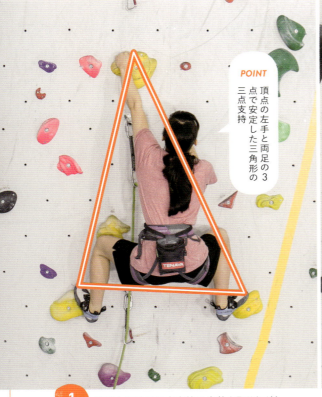

POINT　頂点の左手と両足の3点で安定した三角形の三点支持

① 左手と両足で三点支持の姿勢を取りながら、右手で次のホールドを取りにいく。

POINT　脚、腰、腕の順で体を動かしホールドを保持する

② 両脚、腰、右腕の順に体を動かし、右手でホールドを取った状態。

> **リードで必要とされるムーブ**
>
> ボルダリングに比べて圧倒的に持久力が必要とされるリードでは、初級着用課題のホールドは比較的持ちやすいものも多くなっています。その分、基本的なテクニックの重要度が高いといえますが、最近はリードでもダイナミックなムーブが必要とされるようになってきたので、ボルダリングのムーブ練習は、リードのテクニックを高める意味でとても有効な練習方法です。

レスト

CLIMBING TECHNIQUE

レストもリードではボルダリング以上に重要となってきます。登る距離が長いリードでは、レストできる場面では積極的に行っていきたいところです。前腕の筋肉疲労を感じる前から休めることでパンプアップを防ぐとともに、チョークで滑り止めをするなど、冷静かつ慎重に登るリードでは欠かせないテクニックとなります。タイミングとしてはクリップ動作前後にレストを入れていくのがベストです。

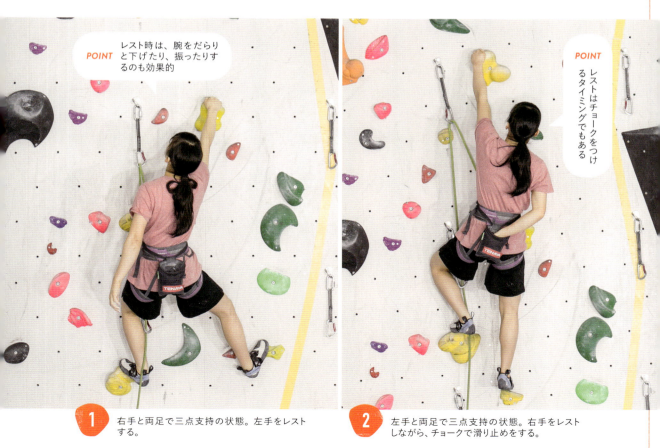

POINT レスト時は、腕をだらりと下げたり、振ったりするのも効果的

POINT レストはチョークをつけるタイミングでもある

1 右手と両足で三点支持の状態。左手をレストする。

2 左手と両足で三点支持の状態。右手をレストしながら、チョークで滑り止めをする。

Part 3　SPORT CLIMBING　

リードの課題を登る

CLIMBING TECHNIQUE

CHECK THE MOVIE!

　ここでは、10メートルほどの高さのリード壁に、同じ色で指定されたホールドを登っていきます。所々に設置されたクイックドローにクリップしながら安全を確保しつつ、また、レストを効果的に取りながらパンプアップしないようにコントロールしながら登ります。ここでは初級者向けのコースを序盤、中盤、終盤の3つに分けて、重要となる動作をピックアップして紹介します。

初級者向けの黄色いホールドを登るコース(5.9)。難易度の高いムーブは必要ないが、三点支持や重心移動など基本的な動作がしっかりできていると、完登できる確率が上がる。

> **CHECK!**
> ### リードでも登る前にしっかりとオブザベーション
>
> 　リードでもボルダリングと同様に、登る前にオブザベーションを行い、頭の中で完登をイメージします。登る距離が長いため、登っている最中に迷っていると、どんどん体力が奪われてしまいます。それだけオブザベーションの重要性も高くなるといえます。

リードの課題を登る（序盤）
CLIMBING TECHNIQUE

POINT 両足にしっかり体重が乗った状態で安定したクリップができる

POINT 左足は壁にしっかりと付けてバランスを保つ

1 最初のクリップ動作。左手と両足による三点支持で、右手で外側からクリップしている。

2 左手と右足がホールドにかけた状態で、脚腰をうまく使ってしっかり立ち上がってから、右手で遠いホールドを取る。

リードの課題を登る（中盤）

CLIMBING TECHNIQUE

3 両脚、腰、右腕の順に体を動かし、右手でホールドを取った状態。レストもできている。

4 左足がやや高い位置だが、左手と両足の三点支持で右手でチョークアップをする。

リードの課題を登る（終盤）
CLIMBING TECHNIQUE

POINT 右足のインサイドエッジにうまく体重をのせていく

POINT 右寄りのゴールでバランスを崩さないように腰の重心をやや左に

⑤ 右足のハイステップ。体重を脚腰でうまく支えながら、左手で次のホールドを取りにいく。

⑥ 右手と両足での三点支持を保ち、左手でゴールのクリップをする。

CLIMBING

CONTENTS

106 スピードの基本
110 スピードのムーブ

SPEED

Part 4 スピードクライミング

スピードクライミングは、15メートルの壁をいかに早く登るかを競う種目。一瞬で決まる勝敗と緊張感は、ボルダリングやリードとは違った魅力があります。スピードクライミングの基本をおさえて、観戦や実践に備えましょう。

Part 4　SPORT CLIMBING　SPEED

スピードのルートやルールを覚えよう
スピードの基本

スポーツクライミング3つ目の種目がスピード。これまで日本ではボルダリングやリードに比べてやる人の数も少なかったですが、オリンピック種目となったことで俄然注目を集めています。

ルートもホールドも世界共通
BASICS OF SPEED

スピードクライミングの特徴は、ホールドの形、ホールドの配置位置や方向が世界共通であるということ。ボルダリングやリードが課題ごとにホールドの形や位置が異なるのと対照的です。このことによって、唯一スピード種目だけ、世界記録があります。15メートルの壁をいかに速く登るか。それは陸上でいう100メートルの世界記録を競い合うのに近いといえばわかりやすいでしょう。

周知されたルートとホールドで競い合う

ルートやホールドが共通であるため、スピード壁での反復練習が必要です。男女、身長差や筋力の違いによって多少ムーブは異なるものの、ゴールまで連続するムーブをいかに効率的に速くこなしていけるかがタイムを縮めるポイントとなる。

昭島市モリタウンアウトドアヴィレッジで開催された、IFSC公認大会Outdoor Village Speed Stars 2018 女子決勝ラウンドの模様（右：Mariia Krasavina選手、2017年世界ランキング3位。左：Ania Brozek選手、2017年世界ランキング7位）

CHECK!
世界記録を表示できる唯一のクライミング競技

スピード種目の世界記録（2018年5月5日現在）は、男子の記録が5秒48、女子が7.32秒と、まるで壁を駆け上がるかのような速さです。100分の1秒の争いは、ボルダリングやリードにはない醍醐味です。

106

スタートとゴール

BASICS OF SPEED

スタート

スタートの合図で登り始める。競技ではフライング（フォールススタート）をすると一発で失格となる。

ゴール

15メートルの壁の頂上に位置するゴール板にタッチしてゴール。そのタイムを競う。

POINT
2つのスタートホールドのどちらかを掴み、右足をフットホールドにかけた状態がスタート姿勢

Marcin Dzienski（ポーランド代表、2017年ヨーロッパ選手権優勝、2016年世界選手権優勝）

POINT
左足でフットホールドを蹴ってジャンプしながら左手でゴール板にタッチ

Vladislav Deulin（ロシア代表、2017年世界ランキング1位）

競技会でのルール

BASICS OF SPEED

15メートルの壁をどれだけ早く登れるかを競う

スピードクライミングは高さ15メートル、95度の壁で、周知されているコースをどれだけ早く登るかのタイムを競う。一般的に予選と決勝トーナメントで行われ、予選の2トライのうち早い方のタイム順に、上位者（16名、もしくは8名ないし4名）が決勝トーナメントに進出。決勝トーナメントは順位の高い選手と低い選手が1回戦で当たるように組まれ、勝ち上がり方式で最終的に優勝者を決定します。

写真右: Iuliia Kaplina（ロシア代表、世界記録保持者7.32秒）、写真左: Alexandra Rudzinska（ポーランド代表、2017年ワールドゲームズ5位）

スピードに必要な道具

BASICS OF SPEED

　トップロープ式のスピード種目は、あらかじめスピード壁に用意されたオートビレイ機を使うことが一般的です。オートビレイ機につながったカラビナをハーネスに装着して登るので、クライミングシューズとハーネス、チョークがあればスピード壁を登ることができます。チョークアップはスタート前に1回するだけなので、携行タイプのバッグでなくても構いません。

クライミングシューズ

通常のクライミングシューズで問題ないが、フラットソールのスリッパ型のシューズが好まれている。

チョーク＆チョークバッグ

スピードクライミングでもチョークは必要。スタート前だけなのでしっかりとチョークアップを行おう。

ハーネス

トップロープ式のスピードクライミングではハーネスにビレイ機のロープを装着して登ることになる。

オートビレイ機

コースの上に設置されたオートビレイ機は、体重がかかるとブレーキが作動する仕組みで、ゴール後やフォール後に、ゆっくりと下降する。そのため、ビレイヤーがいなくても高い壁を登ることができる。

オートビレイ機の使い方

BASICS OF SPEED

　スピードクライミングの壁は高さ15メートル。そのため、ロープで安全対策を行うことが必要となります。通常、スピード壁にはコースの上にオートビレイ機が設置され、そのロープを自身のハーネスに取り付けることで安全を確保します。オートビレイ機を初めて使う人は、落下する際にちょっと不安になるかもしれませんが、正しく使用すれば安全な器具なので、しっかりと使い方をおさえましょう。

Iuliia Kaplina（ロシア代表、世界記録保持者7.32秒）

ハーネスにロープをしっかり装着する

ハーネスはウエストベルトが骨盤の上に来るようにして、ねじれなどがないか確認して装着する（正しい装着方法は86ページを参照）。ハーネスのビレイループに、オートビレイ機から下りてきているロープのカラビナをしっかりと固定したら完成。

Stanislav Kokorin（ロシア代表、2018ロシア選手権優勝、2017年世界ランキング4位）

降りる時はゆっくり下降してくれる

オートビレイ機は、体重がかかると自然とブレーキがかかって、ゆっくり下降していく仕組みだ。だから、どのような状況で落下しても地面にたたきつけられることはない。注意するのは、下降中は無駄な動きはせずに、オートビレイ機とロープに身を任せて下りるようにすること。

109

Part 4 SPORT CLIMBING SPEED

連続するムーブで登り切る
スピードのムーブ

スポーツクライミングのスピード種目は、ホールドの形やルートも世界共通となっています。そのため、スタートからゴールまでのムーブもおのずと決まってきます。

スピードの標準ムーブ

CLIMBING TECHNIQUE

CHECK THE MOVIE!

15メートルの壁に決まったルートで配置されたハンドホールドはすべて同じ形で、それらのホールドは設置する角度も決まっています。それに加えて、小さなフットホールドも決められた場所と方向に設置されており、それらを使ってゴールまで登っていくことになります。そこにはタイムを競う性質上、効率的なムーブというものが存在します。ここでは男女ともに参考にできる標準的なムーブを紹介します。

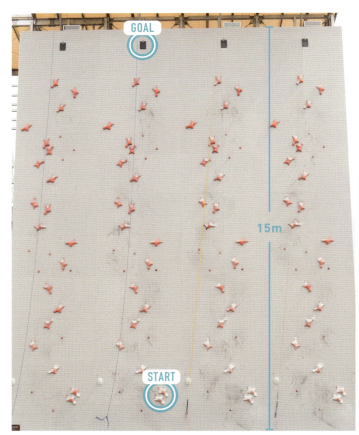

野中生萌(東京都出身、TEAM au、第1,2期オリンピック強化選手、2018年IFSCワールドカップスイス大会優勝)

110

POINT
スタートの合図で両腕を引きながら左足で蹴って右足に乗り込む

1 両手でホールド(1、2番のどちらでもよい)を掴み、右足をフットホールド、スタートパッドに左足を置く。

2 右足でフットホールドを蹴って、左足をフットホールドに乗せる。

3 3番ホールドを両手で掴む。

4 フットホールドに左足を置いて、左手で4番ホールドを取りにいく。

111

Part 4 | SPORT CLIMBING | SPEED

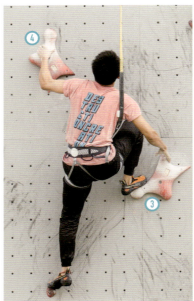

5 左手で4番ホールドを掴み、右足を3番ホールドに乗せる。

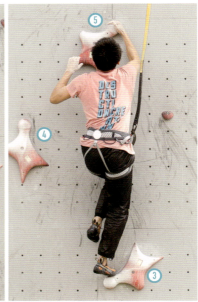

6 右足に乗り込み、5番ホールドを両手で掴む。

POINT
この後、左手のホールドに左足を乗せる

7 右手で6番ホールドを掴み、右足をフットホールドに乗せる。

8 左手で7番ホールドを取りにいく。

> **POINT**
> 右足を6番ホールド先端に乗せることで、次のホールドとの高低差が縮まる

9 右足を6番ホールドの先端に乗せ、右手で8番ホールドを取りにいく。

10 左足を7番ホールドに乗せる。

> **POINT**
> このランジで勢いを再度つけることで後半の勢いにつながっていく

11 左足で7番ホールドを蹴ってランジ。両手で10番ホールドを取りにいく。

12 両手で10番ホールドを掴み、右足をフットホールドに乗せる。

Part 4　SPORT CLIMBING　SPEED

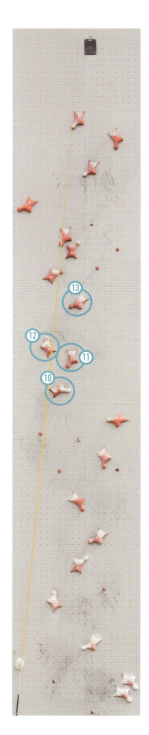

13 右足でフットホールドを蹴り、右手で11番ホールドを取りにいく。

POINT この時、左足は壁にスメアリングして体を安定させる

14 左手で12番ホールドをピンチで掴む。

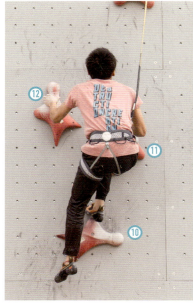

15 右足を10番ホールドの先端に乗せる。

POINT 左足は11番ホールドにハイステップで乗せる

16 右足を蹴って、右手で13番ホールドを取り、ハイステップで左足を11番ホールドに乗せにいく。

17 左手で14番ホールドを取りにいく。右足は右手のある13番ホールドへハイステップ。手に足状態に。

18 右足で13番ホールドを蹴って次のホールドを取りにいく。

19 左手は16番ホールド、右手はフットホールドを掴む。

20 左足を14番ホールド、右足をフットホールドに乗せる。この状態から18番ホールドへランジする。

Part 4　SPORT CLIMBING　SPEED

21 ランジして両手で18番ホールドを掴み、左足はフットホールドに乗せ、さらにランジする。

22 ランジで左手で20番と右手で19番、左手で20番を掴み、左足は18番ホールドに乗せる。

23 左足で18番ホールドを蹴ってランジ。左手でゴールパネルをタッチしてゴール。

後半にも勢いを持続させる

前半部はスタート時の勢いがありますが、どうしても後半に勢いが足りなくなってしまいがちです。前半最後のランジで再度勢いをつけ、ラストの連続ランジをスムーズにこなすことがタイム短縮のポイントとなります。

CHECK!

GLOSSARY　SPORT CLIMBING

クライミング用語集

クライミングで使用される専門用語は、知らないとまったく意味がわからないものが結構あります。
言葉の意味を知れば、それだけクライミングのことを深く理解できます。

あ

アイシング
クライミング後のアフターケアのひとつで、氷水で満たしたバケツに腕を入れ、筋肉の炎症を抑える方法。

アイソレーション
クライミングコンペで他の選手のトライが見えないように、待機中の選手を隔離すること。

アウトサイドエッジ
足の外側でホールドに立つフットワークのこと。

足ブラ（俗）
足がホールドや壁に接していない状態のこと。

アッパー
シューズの上部。底以外の部分。

アルパインクライミング
登山をより難しい岩稜や壁をルートとして登るスタイル。

アレ
フランス語で「がんばれ」を意味するかけ声。

アンダークリング
アンダーホールドを、手のひらがクライマー側を向いた状態で持つホールディング。

アンダーホールド
下側が持てるようになっているホールド。

い

一撃（俗）
最初のトライで墜落せずに登り終えること。

インサイドエッジ
足の内側でホールドに立つフットワークのこと。

インドアクライミング
室内の人工壁を使用したクライミングのこと。

え

液体チョーク
滑り止め粉チョークをアルコールでクリーム状にしたもの。

エッジ
縁、へり、角（かど）。または角のあるホールド。

エッジング
エッジ（縁）部分を使用して立つ、クライミングシューズの使い方の基本。

お

オーバーハング
90度以上に前傾した壁のこと。単に「ハング」ともいう。

オープンハンド
手を開き、指を伸ばした状態でホールドを持つこと。

オブザベーション
登る前にルートを下見すること。オンサイトするための重要な作業。

オポジション
相対する2方向の力。反対方向に働く力。

オンサイト
初見の状態のこと。また初見で完登すること。

か

解除
終了点に達し、セルフビレイがとれたことを意味するコール。「ビレイ解除」の略。

カウンターバランス
正対ではなく、対角線上の手足でバランスを取ること。

核心
課題で最も難しい部分。

※（俗）…一般に通用している名称。俗称。

SPORTS CLIMBING GLOSSARY

ガストン
縦のホールドを、親指を下にして持つホールディング。

課題
ボルダリングやリードなどで設定されたルートのこと。プロブレムともいう。

カチ（俗）
小さくて引っかかりの少ないホールドのこと。また、指をくっつけた状態でカチっと持つホールディング（カチ持ち）。

ガバ（俗）
持ちやすく、ガバッとつかめるホールド。また、そういったホールドの持ち方のこと。

かぶっている（俗）
壁が前傾していること。反対語は「ねている」

完登
テンションやフォールすることなく、登りきること。

き

キーホールド
課題の中で重要な鍵となるホールドのこと。

逆クリップ
ロープがカラビナの前面から通り、カラビナの背後に抜けるNGクリップ。

キョン（俗）
ドロップニーのこと。

く

クイックドロー
2枚のカラビナをスリングでつないだもの。カンフーのヌンチャクに似ていることから「ヌンチャク」とも呼ばれる。

クライミングウォール
人工的につくられたクライミング用の壁のこと。

クライミングジム
クライミングをするためのスポーツクラブのこと。

クライミングシューズ
クライミングのための専用シューズ。

クライムダウン（俗）
ロープにぶら下がらずに、自分の力で下りること。

グラウンドアップ
ボルト設置などのルート整備をすることなく、未知のルートに挑むこと。

グラウンドフォール
地面へ墜落してしまうこと。

クラック
岩の割れ目、裂け目。

クラッシュパッド
外岩や壁の下に敷く、ボルダリング用の衝撃吸収パッド。

クリーニング
岩やホールドについたチョークなどをブラシで落とすこと。

クリップ
ロープをカラビナに通すこと。クリップするという。

クリング
つかむという意味。

クリンプ
指の第二関節を曲げ、第一関節は曲げず、むしろ反らせるようにして、指先で支えるホールディング。

グルーイング
グルー（接着剤）を使ってホールドをつくる。あるいはホールドを補強すること。

グルーブ
コーナーより角度の広い凹角のこと。

グレード
ルートにつけられた難易度を示す。国によってさまざまな表現の方式がある。

クロスムーブ
横や斜めに進む際に腕をクロスさせて次のホールドを取りにいくムーブのこと。

こ

コーディネーション
いくつかのムーブを組み合わせた一連の流れで課題をクリアするための複合ムーブの総称。

コンペ
コンペティションの略。競技会のこと。

さ

三点支持
両手両足を四点として、そのうちの一点を動かすために、残る三点で体を保持すること。

し

シェイク（俗）
レスト時に腕をブラブラさせて筋力を回復させること。

シットスタート
シットダウンスタートの略。ボルダリングで低い位置から座ったような姿勢でスタートすること。

ジャミング
クラックの中に手や足を入れて安定させるテクニック。

初登
誰も登ったことのないルートを最初に登ること。

人工壁
人工的につくられた壁。クライミングウォールともいう。

す

スタートホールド
課題の中で最初につかむホールド。

スタティック
静的なムーブメント。ゆっくりした動き。

スタティックロープ
伸びにくいロープ。

スタンディングスタート
立った状態からのスタート。

ステミング
足などで壁に体を突っ張るようにして、体を支えるムーブテクニック。

ストレニュアス
厳しさが続くこと。

スポートクライミング
従来のフリークライミングから危険性・冒険性を排除したもの。人工壁でのクライミングを指す。

スメアリング
スメアは「こすりつける」という意味。スラブ壁で用いられるフットワーク。

スラブ
奥側に垂直（90度）よりも傾斜の緩い壁のこと。

せ

正対
体の正面が壁に向いている状態のことをいう。

Zクリップ

先ほどかけたクイックドローより下の位置をクリップするNGクリップ。

ターンイン
内側が曲がったシューズのこと。

ダイアゴナル
カウンターバランスの姿勢のひとつ。振り。

ダイナミック
ランジなどの動的ムーブのこと。スタティックの反対語。

ダイノ
ランジのこと。

ダウントゥ
つま先が下向きに曲がっているシューズのこと。

タピ
足拭き用マット。

ダブルダイノ
両手でのランジ。

ち

地ジャン（俗）
地面からジャンプするスタート方法。

チッピング
岩を削ること。

中継
中継ホールドの略。それだけでは体を支えることができない小さなホールド。

チョーク
炭酸マグネシウムが主成分の滑り止めに使用する粉状のチョーク。

チョークバッグ
チョークを入れておくバッグ。携行タイプと据え置きタイプがある。

て

手に足（俗）
手で持っているホールドに足を乗せること。

と

トゥフック
つま先でホールドを引っかけること。

119

SPORTS CLIMBING GLOSSARY

トップロープ
あらかじめ上からかけてあるロープで安全確保をしてクライミングをすること。

トラバース
横へ移動すること。

ドロップニー
片方の膝を内側に曲げて安定させるムーブのこと。

に

ニーバー
つっかえ棒のように、足先とひざで固定するレストの方法。

ぬ

ヌンチャク（俗）
クイックドローのこと。

の

ノーハンド
手を使わずに、バランスを取りながら登ること。

ノブ（俗）
ドアの取っ手のように飛び出したホールド。

は

ハーネス
腰に装着するクライミング用の安全ベルト。

パーミング
丸いホールドなどを手のひら（パーム）で押さえるホールディング。

ハイステップ
足を高い位置に上げ、乗り込むように体重移動するムーブ。

パキる（俗）
主に手の指の関節を痛めること。

8の字
リードクライミングでハーネスとロープをつなぐ時に使用する結び方。

バックアップ
もしものために別の安全確保をとっておくこと。

バックハンドクリップ
カラビナのゲートが外側を向いている場合、人差し指にロ

ープを載せてカラビナのゲートに押し付けるようにする方法。

ハンドホールド
手で持つホールドのこと。

パンプ（俗）
筋肉の酷使により筋肉がパンパンに張ってしまうこと。「パンプアップ」の略。

パンプアウト
筋肉が張って登れなくなること。

ひ

ヒールフック
かかとをホールドに引っかけるテクニック。

ビレイ
ロープによる安全確保のこと。

ビレイヤー
クライマーの安全確保のためにビレイする人。

ビレイループ
ハーネスのレッグループとウエストベルトをつないでいる輪っか。

ピンチ
親指とその他の指でホールドを挟むこと。「ピンチグリップ」の略。

ふ

フィスト
拳が挟める程度の大きさのクラック。

フィンガークリップ
カラビナのゲートが内側を向いている場合、カラビナの下を中指で押さえ、人差し指と親指で挟んだロープをゲートに押し込む方法。

フォール
壁や岩から落下すること。

フットホールド
足を乗せるホールドのこと。

フラッギング
片方の足をホールドに乗せずに体の重心と反対側に投げ出してバランスを取り、次のホールドを取るテクニック。

フラッシング
他人の登りを見た後ではあるが、初めてのトライで完登すること。

振り
壁に体を横向きにして登る方法。

フリクション
摩擦のこと。

フルクリンプ
小さくて引っかかりの少ないホールドを指をくっつけた状態で持つホールディング。カチ持ち。

プロジェクト
クライミングでは「試登中」を意味する。

プロブレム
課題。主にボルダリングやリードで使われる。

フロントエッジ
足のつま先でホールドに立つフットワークのこと。

ほ

ホールド
手がかり、足がかり。

ポケット
穴状のホールド。大きさにより、ワンフィンガーポケット、ツーフィンガーポケットと呼ぶ。

ボルダー
大きな石ころ。

ボルダリング
ボルダーを登ること。ロープや安全装置などを使わずに安全に登る種目。

ま

マッチ
ひとつのホールドを両手で持つこと。「持ち替え」という意味で使われることもある。

マントリング
ボルダーの頂上などに這い上がる時に使用するテクニック。

む

ムーブ
体の動かし方のテクニック。

も

持ち替え
片方の手で持っているホールドをもう片方の手に持ち替えること。

ら

ラップ
手のひらで包むように持つホールディング。

ランジ
飛びつき。ダイノともいう。

り

リード
安全確保のために、自分でロープをクイックドローにクリップしながら登る種目。

リップ
急な傾斜から緩い傾斜へ移る角の部分を指す。

る

ルーフ
屋根のように、ほぼ180度の壁。

れ

レイバック
「手を引き、足を押す」のオポジションによって体を安定させ、三点支持で登るテクニック。

レスト
三点支持を取れる状態で腕を休めること。

レッグループ
セパレート型ハーネスの足の部分。

レッドポイント
2回目以上のトライで完登すること。

ろ

ロープワーク
ロープ操作のこと。

わ

ワンムーブ（俗）
1カ所だけが難しいようなルートを「ワンムーブのルート」と呼ぶ。

SPORTS CLIMBING | CLIMBING GYM

全国クライミングジムガイド

クライミングジムは年々増えてきており、日本全国どこでも気軽にクライミングが楽しめるように
なってきました。ここではルートクライミングの壁もあるジムを紹介します。

北海道

スポーツクライミングジム レインボークリフ
北海道札幌市白石区東札幌2条2-3-26
☎011-817-5009
http://rainbow-cliff.co.jp

NAC札幌クライミングジム
北海道札幌市白石区東札幌3条1-1-1 イーアス札幌Aタウン1F
☎011-812-7979
http://www.nacadventures.jp/climbing/sapporo

ノースケイブジム
北海道札幌市東区北27条東20-3-27
☎090-2050-4385
https://www.facebook.com/NorthCaveGym/

青森

クライミングジム ノースロック
青森県三戸郡階上町蒼前東2-9-1851
☎0178-38-7205
https://north-rock.jimdo.com

宮城

クライミングジム ビーナッツ
宮城県仙台市青葉区国分町3-3-5 リスズビル1F
☎022-216-1015
http://www.youyoukan.jp/gym/bnutsindex.html

うみかぜクライミング パーク Sea Monkey(Z)
宮城県石巻市貞山1-9-25
☎0225-24-8843
http://seamonkeyz0621.wixsite.com/umikaze

福島

クライミングジム トレイルロック
福島県郡山市富久山町福原字上台26-1
☎024-934-9710
https://www.trailrock.net

フリークライミングジム ジャンダルム
福島県いわき市常磐西郷町落合292
☎0246-43-0101
http://japan-alps.jp/gensdarmes/index.html

ドロップイン
福島県いわき市常磐関船町宮下4-4
☎0246-51-5662
https://rockand6.wixsite.com/climb

茨城

BEYUL WALL
茨城県龍ヶ崎市川原代町1967
☎0297-62-2991
http://anaguna.jugem.jp

SPOLE CLIMBING GYM スポーレクライミングジム
茨城県つくば市下原370-1 つくばユーワールド内
☎029-839-5151
http://spoleclimbinggym.com

水戸シティロックジム ア・ヴュー
茨城県水戸市住吉町63-2
☎029-291-8083
http://avue.server-shared.com

栃木

ゼロ 宇都宮下栗店
栃木県下栗町753-1
☎028-688-8234
http://climbing-zero.com

ロッククラフト小山店
栃木県小山市粟宮1006-2
☎0285-41-1325
http://oyama.rockcraft.jp

SUNCUL
栃木県宇都宮市今泉3-12-31
☎028-600-8266
http://suncul.jp/wordpress/

群馬

クライミングジム・ウォールストリート
群馬県前橋市鳥羽町149-3
☎027-252-8863
http://wallst.jp

埼玉

クライミングジム&ショップ PUMP1 川口店
埼玉県川口市元郷2-3-12
☎048-225-2919
http://pump-climbing.com/gym/pump1/

GRAVITY RESEARCH OMIYA
埼玉県さいたま市大宮区宮町1-37
☎048-783-2760
https://www.gravity-research.jp/shop/omiya/

エナジークライミングジム 浦和店
埼玉県さいたま市南区鹿手袋3-25-8
☎048-838-1850
http://www7a.biglobe.ne.jp/~energy/

クライミングジムNOSE 三郷店
埼玉県三郷市仁蔵285-3
☎050-1207-2565
http://www.nose2.org

ミストラルクライミングジム 越谷
埼玉県越谷市南荻島2696
☎048-970-6334
https://mistralclimbinggym.jimdo.com

エナジークライミングジム 春日部店
埼玉県春日部市栄町1-451
☎048-878-8510
http://www7a.biglobe.ne.jp/~energy/

ロッククラフト川越
埼玉県川越市脇田町32-2 三豊ゴム川越ビル1F
☎049-226-1426
https://ameblo.jp/rockcraft-kawagoe/

クライムパーク ベースキャンプ
埼玉県入間市東町7-1-7
☎04-2968-3818
http://b-camp.jp

深谷クライミングヴィレッジ
埼玉県深谷町上柴町東3-13-16 深谷スポーツヴィレッジ内
☎048-578-6625
http://fukaya-sv.jp

千葉

クライミングジム インフィニティ
千葉県鎌ヶ谷市西佐津間1-24-26
047-407-2268
http://cg-infinity.info

グラビティリサーチTOKYO-BAY
千葉県船橋市浜町2-1-1 ららぽーとTOKYO-BAY 南館3F
047-404-8961
http://www.gravity-research.jp/shop/tokyobay/

東京

T-WALL 江戸川橋店
東京都文京区水道2-5-23
03-5802-2273
http://twall.jp

ロックランズ
東京都江戸川区東葛西5-27-16
03-5659-0808
http://www.rock-lands.com

T-WALL 錦糸町店
東京都江東区毛利2-10-12
03-3634-0730
http://twall.jp

VILLARS climbing
東京都品川区北品川2-21-7villars品川ビル1F
03-6433-9926
http://villars.jp

クライミングジム・ランナウト
東京都国分寺市西恋ヶ窪1-43-7
03-5802-2273
http://twall.jp

ClimbingGymGIRI.GIRI
東京都西東京市西原町5-2-1
042-452-6940
http://climbing-girigiri.com

クライミングフロント カランバ
東京都西多摩郡瑞穂町長岡長谷部264
042-557-7500
http://caramba.jp

クライミング&ヨガスタジオ PLAY
東京都昭島市田中町610-4
042-541-3223
https://www.play-tokyo.com

クライミングジムNOSE 町田店
東京都町田市南つくし野3-1-3 CKすずかけ台1・2F
042-850-6474
http://www.nose2.org

神奈川

Kuri Adventuresクライミングジム
神奈川県川崎市川崎区堀之内町9-8 B1F
044-233-9616
https://www.kuri-adventures.com

クライミングジムPOCKET
神奈川県川崎市中原区下小田中3-4-4
044-777-7789
http://pocket-climbing.com

クライミングジム&ショップ PUMP2 川崎店
神奈川県川崎市多摩区中野島2-9-30
044-930-6081
http://pump-climbing.com/gym/pump2/

クライミングジム ビッグロック 日吉店
神奈川県横浜市港北区日吉7-18-21
045-620-7184
http://www.big-rock.jp

ピナクルロックジム 横浜店
神奈川県横浜市都筑区中川中央1-25-1 ノースポートモールB1F
045-532-3590
http://pinnaclerockgym.blog.fc2.com

クライミングスペースレッジ
神奈川県海老名市中野2-27-11
046-244-0048
http://ledge.jp

クライミングジムNOSE 相模原店
神奈川県相模原市緑区川尻1521-1
042-782-1720
http://www.nose2.org

クライミング パーク ストーン・マジック
神奈川県相模原市中央区共和3-10-20
042-704-2340
https://stonemagic.jp

クライミング・ボルダリングジム ジェイ・ウォール
神奈川県藤沢市下土棚1708
0466-44-0777
http://www.j-wall.net

新潟

クライミングジム&ショップ CAMP4
新潟県新潟市東区松島1-4-32
025-270-8460
http://www.camp4-climbing.jp

SPORTS CLIMBING / CLIMBING GYM

クライミング&ボルダリングジム リトルフォレスト
新潟県五泉市寺沢3-5-37
0250-42-5876
https://littieforest.jimdo.com

富山

フリークライミングジム ゲッコー
富山県富山市野々上287-1
076-436-2933、090-1639-0859
http://gym-gecko.com

FCSウォール
富山県下新川郡入善町墓ノ木445
090-3760-1058
https://fcs-wall.jimdo.com

FCS Arise
富山県富山市二口町4-7-1
080-3745-4243
https://fcsarise.jimdo.com

石川

金沢クライミングウォール
石川県金沢市芳斉1-6-5
076-231-5312
http://kc-wall.sakura.ne.jp

スポーツクラブ ヴィテンののいち
石川県野々市市横宮町67-1
076-294-3110
http://v10.co.jp/nonoichi/

山梨

クライミングジム ピラニア 富士吉田店
山梨県富士吉田市上吉田4235-1
0555-72-9192
http://www.pirania.jp

クライミングジム ピラニア 石和店
山梨県笛吹市石和町井戸336-2
055-261-7621
http://www.pirania.jp

長野

クライミングジム・バックカントリー ハングドッグ
長野市川合新田962-2
050-1338-3361
http://www.geocities.jp/climbing_gym_hang_dog/

クライミングセンター アートウォール
長野市真島町川合189-1
026-284-8136
http://artwall.jp

佐久平ロッククライミングセンター
長野県佐久市平賀1570-3
0267-64-9789
http://www.sakudaira-rc.com

クライミング★ノボリバ
長野県千曲市中514-1
026-214-7306
http://www.noboriba.com

千ヶ滝ボルダリングテラス
長野県北佐久郡軽井沢町長倉字坂下2146-1350
0267-31-5112
https://www.bouldering-terrace.com

Climbing Gym achieve
長野県伊那市福島1675
0265-96-7518
http://achieve2015.com

ロックジム ホリエ
長野県松本市寿中1-17-9
0263-86-6092
http://www11.plala.or.jp/rghorie/

岐阜

クライミングジム TOPS
岐阜県下呂市少ヶ野244-9
090-7301-0314
https://www.gerotops.com

静岡

サニーロック沼津
静岡県沼津市宮前町7-17
055-943-7051
https://www.sunny-69.com

BLUE CANYON
静岡県富士市青葉町124
0545-50-9076
https://www.sunny-69.com/blue-canyon店/

スクエア クライミング センター
静岡県浜松市東区中田町449
053-411-8455
http://www.freeclimbing.co.jp

愛知

カクタス・クライミング パーク
愛知県豊橋市関屋町138
0532-26-3737
https://climbing-park.com

クライミングジム ビッグロック 名古屋店
愛知県名古屋市西区中小田井2-70
052-504-6805
http://www.big-rock.jp

フリークライミング&ボルダリングジム サムズアップ
愛知県名古屋市中区富士見町8-8 OMCビルB1F
052-332-2233
http://www.omcwall.com

Play Mountain！名古屋IC店
愛知県名古屋市守山区森孝3-1807
052-739-5250
http://www.playmountain.co.jp

ぼるだ〜本舗
愛知県小牧市間々本町195
0568-70-7835
http://boulderhonpo.com

クライミングジム ピークン
愛知県春日井市知多町2-101
0568-29-9683
http://www.peakn.jp

三重

グラビティリサーチ 三重
三重県四日市市諏訪栄町6-4 スターアイランド3F
059-329-7777
http://www.gravity-research.jp/shop/mie/

クライミングホームUNO
三重県四日市市三ツ谷東町7-12
070-2833-7491

クライミングジム おもしろっく
三重県桑名市和泉ホの割518
0594-88-5558
http://www.omoshirock.com

Sunny Dipper Climbing
三重県度会郡玉城町井倉115-2 No.5
0596-65-6392
http://sunnydipper.com/index.html

大阪

シティロックジム 大阪店
大阪府大阪市淀川区田川北2-3-35
06-6306-0914
http://www.cityrockgym.com

CLIMBING BUM
大阪府大阪市中央区森ノ宮中央2-1-70 もりのみやキューズモールBASE 1F
06-6910-1597
http://www.climbingbum.jp

グラビティリサーチ なんば
大阪府大阪市中央区難波千日前12-35 SWINGよしもとビル3F・4F
06-6645-0631
http://www.gravity-research.jp/shop/namba/

クライミングジム レベルテン
大阪府大阪市東住吉区今林2-1-14
06-6756-8182
http://level10yama.web.fc2.com

クライミングジム&ショップ PUMP 大阪店
大阪府大阪市西淀川区中島1-13-23
06-6475-4406
http://pump-climbing.com/gym/osaka/

ナカガイクライミングジム 摂津
大阪府摂津市鳥飼新町2-2-55
072-629-7621
http://nakagaiclimbing.jp

ナカガイクライミングジム 堺：深井
大阪府堺市中区土師町4-3-14
072-320-1684
http://nakagaiclimbing.jp

兵庫

グラビティリサーチ 神戸
兵庫県神戸市中央区磯上通り4-3-10 IPSX EAST 1F
078-855-8043
http://www.gravity-research.jp/shop/kobe/

グラビティリサーチ 姫路
兵庫県姫路市駅前町27 テラッソ姫路3階
079-280-7520
http://www.gravity-research.jp/shop/himeji/

奈良

シティロックジム 大和郡山店
奈良県大和郡山市田中町913-1
0743-51-2271
http://www.cityrockgym.com

クライミングジム あおがき
奈良県大和郡山市馬司町569-1
0743-57-1021
http://cg-aogaki.com

和歌山

タイタンウォール クライミングジム
和歌山県和歌山市新雑賀町24
073-423-7110
http://titan-wall.com

岡山

グラビティリサーチ 岡山
岡山県岡山市北区本町6番36号 第一セントラルビル1・2階
086-801-3133
http://www.gravity-research.jp/shop/okayama/

rocksCLIMBINGGYM
岡山県倉敷市平田261-2
086-476-5358
http://rocksclimbinggym.com

広島

クライムセンターCERO
広島県安芸郡府中町茂陰1-13-46
082-236-8401
http://cero-climb.com

山口

CLIMBING GYM & SHOP LABO 下松店
山口県下松市大手町2-8-13
0833-48-9403
https://sites.google.com/site/climbinglabo/

福岡

Leadクライミングジム
福岡県福岡市南区曰佐4-23-13
092-986-2539
https://ameblo.jp/lead0106/theme-10087693143.html

BRAVO CLIMBING 福岡西
福岡県福岡市西区内浜1-7-3 ウエストコート姪浜2F
092-982-6120
http://bravoclimbing.com

熊本

クライミングジム ボルダー天国
熊本県熊本市中央区黒髪1-10-20
096-345-8048
http://bouldertengoku.wixsite.com/boruten

沖縄

コーラルロックジム
沖縄県中頭郡北中城村仲順369-2
098-935-5777
https://www.coralrock-okinawa.com

SPORTS CLIMBING

協力選手&ジム紹介

本書を制作するにあたり、さまざまな方々のご協力をいただきました。ここでは撮影にご協力いただいた現役の選手とクライミングジム&施設を紹介します。

撮影に協力してくれた選手

楢崎明智

1999年生まれ・栃木県出身。2017年ユース世界選手権男子ジュニアの部で3種目複合優勝(同大会リード2位、ボルダリング2位)。2017年のボルダリングW杯米国ベイル大会で初のファイナル進出と2位表彰台を獲得。同年アジアユース選手権ジュニアでリードとボルダリングを制して二冠を達成。兄は2016年世界選手権ボルダリングチャンピオンの楢崎智亜。

大高伽弥

1998年生まれ
東京都出身

第2回世界大学選手権大会3種目(ボルダリング、リード、スピード)代表。

池田雄大

1998年生まれ
千葉県出身

第2回世界大学選手権大会スピード種目代表。スピード日本ランキング1位(2018年5月現在・6.94秒)。

中村真緒

2000年生まれ
東京都出身

2018年ユースオリンピック複合種目代表。2018年ボルダリング日本代表。

菊地咲希

2002年生まれ
東京都出身

2018年ボルダリング日本代表。2017年ユース世界選手権大会ユースBボルダリング3位。

撮影に協力してくれたジム

フィッシュ&バード 二子玉川
国内外の大会やルートセットで活躍する一流のスタッフが未経験者から上級者まで楽しめる課題を用意する。

☎03-6805-7905
東京都世田谷区玉川2-24-1キュープラザ二子玉川B1
平日12:00〜23:00、土日祝10:00〜21:00
http://www.fish-bird.co.jp

クライミングジムGIRI.GIRI
ボルダリングはもちろん、多彩なリード壁、10メートルのスピード壁とスポーツクライミングを堪能できる。

☎042-452-6940
東京都西東京市西原町5-2-1
平日14:00〜22:00、土日祝10:00〜21:00
http://climbing-girigiri.com

モリパーク アウトドアヴィレッジ
高さ16mを超えるリード壁(写真上)や、国際競技基準(IFSCルール)に準拠した4人同時の競技が可能な4レーンのスピード壁(写真右)などクライミング施設が充実している。

☎042-541-0700
東京都昭島市田中町610-4
平日11:00〜20:00、土日祝10:00〜20:00
http://outdoorvillage.tokyo

監修　公益社団法人東京都山岳連盟

70年にわたる古い歴史と一番大きな組織を持つ山岳団体であり、日本の登山界の中核となって活動している。「正しい登山を指導して、その健全な発展を図り、あわせて登山を通じて都民体育の振興に寄与する」ことを目的としている。本連盟競技部スポーツクライミング局（以下、SC局）は、日本で唯一、ボルダリング・リード・スピードの三種目の大会を主催している。

STAFF

監修・執筆・指導	水村信二（東京都山岳連盟競技部長・SC局長）
指導	羽鎌田直人（東京都山岳連盟競技部SC局技術委員長）
装丁・デザイン	STILTS
DTP	大島歌織
撮影	森口鉄郎
イラスト	藤田裕美
編集	風間拓
撮影協力	フィッシュ&バード 二子玉川
	クライミングジムGIRI.GIRI
	モリパーク アウトドアヴィレッジ
編集協力	津田洋志
画像提供（競技会）	東京都山岳連盟競技部SC局（水村信二、藤枝隆介、盛田ちふみ）
画像提供（製品）	株式会社Carpediem、株式会社ロストアロー、東商アソシエート株式会社

基礎から始める スポーツクライミング

2018年6月10日　第1刷発行

監修	公益社団法人東京都山岳連盟
発行者	中村 誠
印刷・製本所	図書印刷株式会社
発行所	株式会社日本文芸社
	〒101-8407
	東京都千代田区神田神保町1-7
	編集　03-3294-8920
	営業　03-3294-8931
URL	https://www.nihonbungeisha.co.jp/

Printed in Japan 112180528-112180528Ⓝ01
ISBN 978-4-537-21577-9
©NIHONBUNGEISHA 2018

（編集担当 牧野）

乱丁・落丁などの不良品がありましたら、小社製作部宛にお送りください。送料小社負担にておとりかえ致します。法律で認められた場合を除いて、本書からの複写、転載（電子化含む）は禁じられています。また代行業者等の第三者による電子データ化および電子書籍化は、いかなる場合も認められていません。